Diario
para la mujer
conforme al corazón de DIOS

Este *Diario* le pertenece a:

_____

La misión de *Editorial Portavoz* consiste en desarrollar y distribuir productos de calidad —con integridad y excelencia—, desde una perspectiva bíblica y confiable, que animen a las personas a conocer y servir a Jesucristo.

Diario para la mujer conforme al corazón de Dios © 2022 por Editorial Portavoz, filial de Kregel Inc., Grand Rapids, Michigan 49505. Todos los derechos reservados. Incluye material extraído de la *Biblia de la mujer conforme al corazón de Dios,* © 2016 por Editorial Portavoz. Utilizado con permiso.

Ninguna parte de esta publicación podrá ser reproducida, almacenada en un sistema de recuperación de datos, o transmitida en cualquier forma o por cualquier medio, sea electrónico, mecánico, fotocopia, grabación o cualquier otro, sin el permiso escrito previo de los editores, con la excepción de citas breves o reseñas.

Diseño por Abba, distribuidora cristiana S.L.

A menos que se indique lo contrario, todas las citas bíblicas han sido tomadas de la versión Reina-Valera © 1960 Sociedades Bíblicas en América Latina; © renovado 1988 Sociedades Bíblicas Unidas. Utilizado con permiso. Reina-Valera 1960™ es una marca registrada de American Bible Society, y puede ser usada solamente bajo licencia.

EDITORIAL PORTAVOZ
2450 Oak Industrial Drive NE
Grand Rapids, Michigan 49505 USA
Visítenos en: www.portavoz.com

ISBN 978-0-8254-5581-0

1 2 3 4 5 edición / año 34 33 32 31 30 29 28 27 26 25

Impreso en China
Printed in China

Cómo
usar este diario *personal*

Devocional diario:

Busca en tu *Biblia de la mujer conforme al corazón de Dios* el devocional que corresponde al mismo día (la página está indicada). Los mensajes se relacionan con tu vida diaria y te ayudarán a fortalecer tu fe. Anota en el espacio tus pensamientos y comentarios, o lo que has aprendido de la lectura.

Peticiones de oración:

Recuerda que Dios te ve, te escucha y cuida de ti. Anota cada día tus peticiones de oración y vuelve a leerlas al final de la semana. Escribe las respuestas que has recibido.

Pensamiento clave:

Te ofrecemos cada día un pensamiento clave para fortalecer tu fe. Recuérdalo a menudo durante el día y memorízalo para darte ánimo en cualquier momento.

La Biblia en un año:

Lee cada día la porción bíblica que te indicamos y, al cabo de un año, ¡habrás leído toda la Biblia!

Diario de gratitud:

Desarrolla un corazón agradecido anotando cada día tres motivos para dar gracias. Si siempre tienes un corazón agradecido, ¡no te quejarás nunca porque no puedes dar gracias y quejarte al mismo tiempo!

Día 1
El principio de una nueva vida
Devocional en pág. 4

Lee la Biblia en un año: **Génesis 1–3**

Peticiones *de oración*

Señor, hoy *te pido…*

Diario *de gratitud*

Señor, hoy *te doy gracias por…*

1.
2.
3.

Pensamiento clave para hoy:
La Biblia tiene las respuestas que estás buscando,
y el poder para transformar tu vida.

Día 2
Decisiones
Devocional en pág. 13

Lee la Biblia en un año: **Génesis 4–7**

Peticiones *de oración*

Señor, hoy *te pido…*

Diario *de gratitud*

Señor, hoy *te doy gracias por…*

1.
2.
3.

Pensamiento clave para hoy:

*Toma decisiones que afecten positivamente tu vida…
y la vida de otros.*

Día 3

¡Esperar!
Devocional en pág. 18

Lee la Biblia en un año: **Génesis 8–11**

Peticiones *de oración*

Señor, hoy *te pido…*

Diario *de gratitud*

Señor, hoy *te doy gracias por…*

1.
2.
3.

Pensamiento clave para hoy:

Esperar nos da la oportunidad de desarrollar nuestra confianza en el Señor.

VER GÉNESIS 8:3-14

Día 4

Cuando te sientes abrumada
Devocional en pág. 22

....
....
....
....
....
....

Lee la Biblia en un año: **Génesis 12–15**

Peticiones *de oración*

Señor, hoy *te pido…*

....
....
....
....

Diario *de gratitud*

Señor, hoy *te doy gracias por…*

1. ....
2. ....
3. ....

Pensamiento clave para hoy:

Decide hacer lo que Dios te pide en fe.
¡Ahí es cuando realmente conocerás su provisión!

Día 5
Madre de naciones
Devocional en pág. 28

Lee la Biblia en un año: **Génesis 16–18**

Peticiones *de oración*

Señor, hoy *te pido…*

Diario *de gratitud*

Señor, hoy *te doy gracias por…*

1.
2.
3.

Pensamiento clave para hoy:

Con Cristo en tu corazón, comienzas tu propio legado.

Día 6
El Señor proveerá
Devocional en pág. 31

....
....
....
....
....

Lee la Biblia en un año: **Génesis 19–22**

Peticiones *de oración*

Señor, hoy *te pido…*
....
....
....
....

Diario *de gratitud*

Señor, hoy *te doy gracias por…*

1. ....
2. ....
3. ....

Pensamiento clave para hoy:

Jehová-jireh: el Señor proveerá.

VER GÉNESIS 22:14

Día 7

"Sí, iré"
Devocional en pág. 37

....
....
....
....
....
....

Lee la Biblia en un año: **Génesis 23–27**

Peticiones *de oración*

Señor, hoy *te pido…*

....
....
....
....

Diario *de gratitud*

Señor, hoy *te doy gracias por…*

1. ....
2. ....
3. ....

Pensamiento clave para hoy:

Cada acto de fe es un paso gigante hacia el centro de la voluntad de Dios.

Día 8
Recurre a la oración
Devocional en pág. 47

Lee la Biblia en un año: **Génesis 28–30**

Peticiones *de oración*

Señor, hoy *te pido…*

Diario *de gratitud*

Señor, hoy *te doy gracias por…*

1.
2.
3.

Pensamiento clave para hoy:

Echa toda tu ansiedad sobre Él… con la certeza de que Él cuida de ti y escucha tus oraciones.

VER 1 PEDRO 5:7

Día 9

¿Qué pasa si…?
Devocional en pág. 56

Lee la Biblia en un año: **Génesis 31–34**

Peticiones *de oración*

Señor, hoy *te pido…*

Diario *de gratitud*

Señor, hoy *te doy gracias por…*

1.
2.
3.

Pensamiento clave para hoy:

El futuro está en las manos de Dios. Y sus manos son capaces, misericordiosas y poderosas.

Día 10
Escudriña tu corazón
Devocional en pág. 62

Lee la Biblia en un año: **Génesis 35–38**

Peticiones *de oración*

Señor, hoy *te pido…*

Diario *de gratitud*

Señor, hoy *te doy gracias por…*

1.
2.
3.

Pensamiento clave para hoy:

Reconoce todo pensamiento pecaminoso, y cámbialo de tal modo que sea conforme a la voluntad de Dios buena y perfecta.

Día 11
Cuando tienes tentaciones
Devocional en pág. 66

....
....
....
....
....
....

Lee la Biblia en un año: **Génesis 39–41**

Peticiones *de oración*

Señor, hoy *te pido…*

....
....
....
....

Diario *de gratitud*

Señor, hoy *te doy gracias por…*

1. ....
2. ....
3. ....

Pensamiento clave para hoy:

"No" puede ser una palabra difícil de decir, pero es la clave para la autodisciplina.

Día 12

Dios tiene el control de tu vida
Devocional en pág. 70

....
....
....
....
....
....

Lee la Biblia en un año: **Génesis 42–44**

Peticiones *de oración*

Señor, hoy te pido…

....
....
....
....

Diario *de gratitud*

Señor, hoy te doy gracias por…

1. ....
2. ....
3. ....

Pensamiento clave para hoy:

Si Dios gobierna tu vida, puedes enfrentar cada día con su poder y su amor.

Día 13
Restaura a otros
Devocional en pág. 75

Lee la Biblia en un año: **Génesis 45–47**

Peticiones *de oración*

Señor, hoy *te pido…*

Diario *de gratitud*

Señor, hoy *te doy gracias por…*

1.
2.
3.

Pensamiento clave para hoy:

El perdón es un regalo que recibimos de Dios y que debemos extender a los demás.

Día 14

Falta de confianza
Devocional en pág. 78

....
....
....
....
....
....

Lee la Biblia en un año: **Génesis 48–50**

Peticiones *de oración*

Señor, hoy *te pido…*
....
....
....
....

Diario *de gratitud*

Señor, hoy *te doy gracias por…*
1. ....
2. ....
3. ....

Pensamiento clave para hoy:

Recuerda que Dios conoce cada día de tu vida, y Él te ayudará a perseverar y crecer aun en los días difíciles.

Día 15

Aprovecha cada momento
Devocional en pág. 84

Lee la Biblia en un año: **Éxodo 1–4**

Peticiones *de oración*

Señor, hoy *te pido…*

Diario *de gratitud*

Señor, hoy *te doy gracias por…*

1.
2.
3.

Pensamiento clave para hoy:

Ahora pues, ve, y yo estaré con tu boca, y te enseñaré lo que hayas de hablar.

ÉXODO 4:12

Día 16
La fe en acción
Devocional en pág. 92

Lee la Biblia en un año: **Éxodo 5–7**

Peticiones *de oración*

Señor, hoy *te pido…*

Diario *de gratitud*

Señor, hoy *te doy gracias por…*
1.
2.
3.

Pensamiento clave para hoy:

Confía en Dios, y cosecharás los beneficios y las bendiciones de tu fe.

Día 17
El poder de la obediencia
Devocional en pág. 96

Lee la Biblia en un año: **Éxodo 8–11**

Peticiones *de oración*

Señor, hoy *te pido…*

Diario *de gratitud*

Señor, hoy *te doy gracias por…*

1.
2.
3.

Pensamiento clave para hoy:
Tu deber es obedecer, y Dios hará el resto.

Día 18

Gracias a Dios, que nos guía

Devocional en pág. 101

....
....
....
....
....
....

Lee la Biblia en un año: **Éxodo 12–14**

Peticiones *de oración*

Señor, hoy *te pido…*

....
....
....
....

Diario *de gratitud*

Señor, hoy *te doy gracias por…*

1. ....
2. ....
3. ....

Pensamiento clave para hoy:

Mas a Dios gracias, el cual nos lleva siempre en triunfo en Cristo Jesús.

2 CORINTIOS 2:14

Día 19
Sé una mujer de Dios
Devocional en pág. 104

Lee la Biblia en un año: **Éxodo 15–18**

Peticiones *de oración*

Señor, hoy *te pido…*

Diario *de grátitud*

Señor, hoy *te doy gracias por…*
1.
2.
3.

Pensamiento clave para hoy:

Los títulos y los ascensos vienen y van, pero lo que haces por otros tiene un efecto duradero.

Día 20

Ama a tus suegros
Devocional en pág. 109

Lee la Biblia en un año: **Éxodo 19–21**

Peticiones *de oración*

Señor, hoy *te pido…*

Diario *de gratitud*

Señor, hoy *te doy gracias por…*

1.
2.
3.

Pensamiento clave para hoy:

Honra a tu padre y a tu madre, para que tus días se alarguen en la tierra que Jehová tu Dios te da.

ÉXODO 20:12

Día 21
Elige tus palabras
Devocional en pág. 113

....
....
....
....
....
....
....

Lee la Biblia en un año: **Éxodo 22–24**

Peticiones *de oración*

Señor, hoy *te pido…*

....
....
....
....

Diario *de gratitud*

Señor, hoy *te doy gracias por…*

1. ....
2. ....
3. ....

Pensamiento clave para hoy:

Una palabra afectuosa sana y bendice. Considera a quién quieres bendecir hoy con palabras tiernas y amorosas.

Día 22
Un alma generosa
Devocional en pág. 116

Lee la Biblia en un año: **Éxodo 25–28**

Peticiones *de oración*

Señor, hoy *te pido…*

Diario *de gratitud*

Señor, hoy *te doy gracias por…*

1.
2.
3.

Pensamiento clave para hoy:

La mejor manera de cuidarnos del amor al dinero es ser generosas y dar voluntariamente, de corazón.

VER ÉXODO 25:1-2

Día 23

Lista de tareas para una vida nueva
Devocional en pág. 121

....
....
....
....
....
....

Lee la Biblia en un año: **Éxodo 29–31**

Peticiones *de oración*

Señor, hoy *te pido…*

....
....
....
....

Diario *de gratitud*

Señor, hoy *te doy gracias por…*

1. ....
2. ....
3. ....

Pensamiento clave para hoy:

Elige vivir cada día para Cristo. Camina en el Espíritu y toma las decisiones correctas.

Día 24
Tu decisión
Devocional en pág. 125

Lee la Biblia en un año: **Éxodo 32–34**

Peticiones *de oración*

Señor, hoy *te pido…*

Diario *de gratitud*

Señor, hoy *te doy gracias por…*

1.
2.
3.

Pensamiento clave para hoy:

Dios te guiará cuando trates de poner en práctica su Palabra en cada área de tu vida.

Día 25

Amable y generosa
Devocional en pág. 129

....
....
....
....
....
....

Lee la Biblia en un año: **Éxodo 35–37**

Peticiones *de oración*

Señor, hoy *te pido…*

....
....
....
....

Diario *de gratitud*

Señor, hoy *te doy gracias por…*

1. ....
2. ....
3. ....

Pensamiento clave para hoy:

*Señor: te pido que mi vida pueda tocar
y ayudar a otros con tu amor.*

Día 26

El código de vestimenta de Dios

Devocional en pág. 133

Lee la Biblia en un año: **Éxodo 38–40**

Peticiones *de oración*

Señor, hoy *te pido…*

Diario *de gratitud*

Señor, hoy *te doy gracias por…*

1.
2.
3.

Pensamiento clave para hoy:

Las buenas obras son un excelente adorno para las mujeres que aman a Dios.

Día 27
Un principio para vivir en paz
Devocional en pág. 139

....
....
....
....
....
....

Lee la Biblia en un año: **Levítico 1–3**

Peticiones *de oración*

Señor, hoy *te pido…*

....
....
....
....

Diario *de gratitud*

Señor, hoy *te doy gracias por…*

1. ....
2. ....
3. ....

Pensamiento clave para hoy:

La esposa y madre debe ser el termostato de la casa, no el termómetro.

Día 28

No más chismes
Devocional en pág. 141

Lee la Biblia en un año: **Levítico 4–6**

Peticiones *de oración*

Señor, hoy *te pido…*

Diario *de gratitud*

Señor, hoy *te doy gracias por…*

1.
2.
3.

Pensamiento clave para hoy:

*Si amas al Señor y su Palabra,
no desearás murmurar.*

Día 29
Gratitud y gozo
Devocional en pág. 145

Lee la Biblia en un año: **Levítico 7–9**

Peticiones *de oración*

Señor, hoy *te pido…*

Diario *de gratitud*

Señor, hoy *te doy gracias por…*

1.
2.
3.

Pensamiento clave para hoy:

Aprende a dar gracias en lo bueno y en lo malo. Agradece a Dios porque sus tiempos son perfectos, su plan es perfecto y su amor es incondicional.

Día 30

Dieta y ejercicio
Devocional en pág. 149

Lee la Biblia en un año: **Levítico 10–13**

Peticiones *de oración*

Señor, hoy *te pido…*

Diario *de gratitud*

Señor, hoy *te doy gracias por…*

1.
2.
3.

Pensamiento clave para hoy:

Si tu objetivo es tener calidad de vida y llenar tus días sirviendo al Señor de forma productiva, ¡la clave es prestar atención a tu cuerpo!

Día 31
Solo lo suficiente
Devocional en pág. 153

Lee la Biblia en un año: **Levítico 14–16**

Peticiones *de oración*

Señor, hoy *te pido…*

Diario *de gratitud*

Señor, hoy *te doy gracias por…*

1.
2.
3.

Pensamiento clave para hoy:
¡Dios es todo lo que necesitas!

Día 32
Una palabra amable
Devocional en pág. 160

Lee la Biblia en un año: Levítico 17–20

Peticiones *de oración*

Señor, hoy *te pido…*

Diario *de gratitud*

Señor, hoy *te doy gracias por…*

1.
2.
3.

Pensamiento clave para hoy:
Dios puede usarte para expresarle a alguien las únicas palabras alentadoras que escuchará hoy.

Día 33

La primicia
Devocional en pág. 164

Lee la Biblia en un año: **Levítico 21–23**

Peticiones *de oración*

Señor, hoy *te pido…*

Diario *de gratitud*

Señor, hoy *te doy gracias por…*

1.
2.
3.

Pensamiento clave para hoy:

*Dale a Dios el primer lugar en tu vida,
¡y búscalo todos los días!*

Día 34

Ofrenda con propósito
Devocional en pág. 169

Lee la Biblia en un año: **Levítico 24–27**

Peticiones de oración

Señor, hoy *te pido…*

Diario de gratitud

Señor, hoy *te doy gracias por…*

1.
2.
3.

Pensamiento clave para hoy:

Cada uno dé como propuso en su corazón: no con tristeza, ni por necesidad, porque Dios ama al dador alegre.

2 CORINTIOS 9:7

Día 35

Dondequiera que te guíe
Devocional en pág. 175

Lee la Biblia en un año: **Números 1–2**

Peticiones *de oración*

Señor, hoy *te pido…*

Diario *de gratitud*

Señor, hoy *te doy gracias por…*

1.
2.
3.

Pensamiento clave para hoy:

La función de Dios es guiarnos.
Nuestro deber es seguirlo.

Día 36

Organízate
Devocional en pág. 178

Lee la Biblia en un año: **Números 3–4**

Peticiones *de oración*

Señor, hoy *te pido…*

Diario *de gratitud*

Señor, hoy *te doy gracias por…*

1.
2.
3.

Pensamiento clave para hoy:
Planifica el día de tal modo que Dios sea glorificado y las personas que te rodean sean bendecidas.

Día 37
Confiesa tu pecado
Devocional en pág. 181

Lee la Biblia en un año: **Números 5–6**

Peticiones *de oración*

Señor, hoy *te pido…*

Diario *de gratitud*

Señor, hoy *te doy gracias por…*

1.
2.
3.

Pensamiento clave para hoy:

Es difícil admitir cuando nos hemos equivocado. Es doloroso. Pero Dios nos pide confesar nuestros pecados.

VER NÚMEROS 5:5-7

Día 38
Sé generosa
Devocional en pág. 185

Lee la Biblia en un año: **Números 7–8**

Peticiones *de oración*

Señor, hoy *te pido…*

Diario *de gratitud*

Señor, hoy *te doy gracias por…*

1.
2.
3.

Pensamiento clave para hoy:

*Sé generosa con tus dones, tu tiempo, tus bienes y tu fe.
¡Y ya verás lo que Dios puede hacer a través de ti!*

Día 39
Confía en Dios… hoy
Devocional en pág. 187

Lee la Biblia en un año: **Números 9–10**

Peticiones *de oración*

Señor, hoy *te pido…*

Diario *de gratitud*

Señor, hoy *te doy gracias por…*

1.
2.
3.

Pensamiento clave para hoy:

Hay consuelo, esperanza y seguridad en las promesas de Dios. ¡Confía en Él!

Día 40
Dios proveerá
Devocional en pág. 190

Lee la Biblia en un año: **Números 11–13**

Peticiones *de oración*

Señor, hoy *te pido…*

Diario *de gratitud*

Señor, hoy *te doy gracias por…*

1.
2.
3.

Pensamiento clave para hoy:

Jehová es mi pastor; nada me faltará.
SALMOS 23:1

Día 41
Clama a Dios
Devocional en pág. 196

Lee la Biblia en un año: **Números 14–15**

Peticiones *de oración*

Señor, hoy *te pido…*

Diario *de gratitud*

Señor, hoy *te doy gracias por…*

1.
2.
3.

Pensamiento clave para hoy:

No debemos temer ni odiar a nuestros adversarios, sino clamar a Dios y orar por ellos. Dios te protege.

VER NÚMEROS 14:9

Día 42
Rebeldía
Devocional en pág. 199

Lee la Biblia en un año: **Números 16–17**

Peticiones *de oración*

Señor, hoy *te pido…*

Diario *de gratitud*

Señor, hoy *te doy gracias por…*
1.
2.
3.

Pensamiento clave para hoy:

Pídele al Señor que llene tu corazón de su amor y su fidelidad de modo que puedas ser la mujer que Él quiere que seas.

Día 43
Una vida de ministerio
Devocional en pág. 201

Lee la Biblia en un año: **Números 18–19**

Peticiones *de oración*

Señor, hoy *te pido…*

Diario *de gratitud*

Señor, hoy *te doy gracias por…*

1.
2.
3.

Pensamiento clave para hoy:

Padre, tú has llenado mi vida de significado. Ayúdame a servir a otros para darles a conocer más de tu Palabra y más de ti.

Día 44
Deja de quejarte
Devocional en pág. 205

Lee la Biblia en un año: **Números 20–21**

Peticiones *de oración*

Señor, hoy *te pido…*

Diario *de gratitud*

Señor, hoy *te doy gracias por…*

1.
2.
3.

Pensamiento clave para hoy:

*Aprende a estar contenta
a pesar de tus circunstancias.*

Día 45
Sigue caminando
Devocional en pág. 208

Lee la Biblia en un año: **Números 22–23**

Peticiones *de oración*

Señor, hoy *te pido…*

Diario *de gratitud*

Señor, hoy *te doy gracias por…*

1.
2.
3.

Pensamiento clave para hoy:

No te detengas. ¡Camina! El Señor está a tu lado para consolarte y guiarte.

Día 46

El principio de la sabiduría
Devocional en pág. 211

Lee la Biblia en un año: **Números 24–26**

Peticiones *de oración*

Señor, hoy *te pido…*

Diario *de gratitud*

Señor, hoy *te doy gracias por…*

1.
2.
3.

Pensamiento clave para hoy:

El temor de Jehová es el principio de la sabiduría.
PROVERBIOS 9:10A

Día 47
Una señal de madurez
Devocional en pág. 214

Lee la Biblia en un año: **Números 27–29**

Peticiones *de oración*

Señor, hoy *te pido…*

Diario *de gratitud*

Señor, hoy *te doy gracias por…*

1.
2.
3.

Pensamiento clave para hoy:

Nuestro servicio a otros glorifica a Dios, refleja su amor por nosotros y por los demás.

Día 48
Bajo la superficie
Devocional en pág. 218

Lee la Biblia en un año: **Números 30–32**

Peticiones *de oración*

Señor, hoy *te pido…*

Diario *de gratitud*

Señor, hoy *te doy gracias por…*
1.
2.
3.

Pensamiento clave para hoy:

Como mujeres de Dios, nuestra vida pública debería inspirar asombro y admiración.

Día 49
El amor de Dios
Devocional en pág. 223

Lee la Biblia en un año: **Números 33–36**

Peticiones *de oración*

Señor, hoy *te pido…*

Diario *de gratitud*

Señor, hoy *te doy gracias por…*

1.
2.
3.

Pensamiento clave para hoy:

Así como Dios nos extiende su amor y su gracia, del mismo modo debemos actuar con aquellos que nos rodean.

Día 50

¡Confía en mí!
Devocional en pág. 229

Lee la Biblia en un año: **Deuteronomio 1–2**

Peticiones *de oración*

Señor, hoy *te pido…*

Diario *de gratitud*

Señor, hoy *te doy gracias por…*

1.
2.
3.

Pensamiento clave para hoy:

Cultiva tu conocimiento y tu fe en la Palabra de Dios. Solo así podrás enfrentar tus temores y mostrar al mundo de dónde viene tu fortaleza.

Día 51

Transmítelo
Devocional en pág. 232

....
....
....
....
....
....

Lee la Biblia en un año: **Deuteronomio 3–4**

Peticiones *de oración*

Señor, hoy *te pido…*

....
....
....
....

Diario *de gratitud*

Señor, hoy *te doy gracias por…*

1. ....
2. ....
3. ....

Pensamiento clave para hoy:

Hay muchas personas que necesitan saber lo que has aprendido. Transmítelo a otros.

Día 52
Instruye a tus hijos
Devocional en pág. 235

Lee la Biblia en un año: **Deuteronomio 5–7**

Peticiones *de oración*

Señor, hoy *te pido…*

Diario *de gratitud*

Señor, hoy *te doy gracias por…*
1.
2.
3.

Pensamiento clave para hoy:

Y estas palabras que yo te mando hoy, estarán sobre tu corazón; y las repetirás a tus hijos, y hablarás de ellas estando en tu casa, y andando por el camino, y al acostarte, y cuando te levantes.

DEUTERONOMIO 6:6-7

Día 53

Un corazón humilde
Devocional en pág. 239

Lee la Biblia en un año: Deuteronomio 8–10

Peticiones *de oración*

Señor, hoy *te pido…*

Diario *de gratitud*

Señor, hoy *te doy gracias por…*

1.
2.
3.

Pensamiento clave para hoy:

No debemos olvidar que, en su misericordia infinita, Dios nos concede sus bendiciones.

Día 54
Lo que tus hijos necesitan
Devocional en pág. 242

Lee la Biblia en un año: **Deuteronomio 11–13**

Peticiones *de oración*

Señor, hoy *te pido…*

Diario *de gratitud*

Señor, hoy *te doy gracias por…*

1.
2.
3.

Pensamiento clave para hoy:

*Dales a tus hijos lo que necesitan,
no lo que quieren.*

Día 55

Abre tus ojos
Devocional en pág. 246

....
....
....
....
....
....

Lee la Biblia en un año: **Deuteronomio 14–16**

Peticiones *de oración*

Señor, hoy *te pido…*

....
....
....
....

Diario *de gratitud*

Señor, hoy *te doy gracias por…*

1. ....
2. ....
3. ....

Pensamiento clave para hoy:

Señor, dame ojos atentos no solo a mi propia necesidad, sino a la de quienes me rodean.

Día 56

La lectura promueve el crecimiento
Devocional en pág. 249

Lee la Biblia en un año: **Deuteronomio 17–20**

Peticiones *de oración*

Señor, hoy *te pido…*

Diario *de gratitud*

Señor, hoy *te doy gracias por…*

1.
2.
3.

Pensamiento clave para hoy:
Leer la Biblia es tan vital como respirar y comer.

Día 57
Tú superas a todas
Devocional en pág. 253

Lee la Biblia en un año: **Deuteronomio 21–23**

Peticiones *de oración*

Señor, hoy *te pido…*

Diario *de gratitud*

Señor, hoy *te doy gracias por…*

1.
2.
3.

Pensamiento clave para hoy:

*Sé una mujer
conforme al corazón de Dios.*

Día 58

Aún mejor
Devocional en pág. 256

Lee la Biblia en un año: **Deuteronomio 24–26**

Peticiones de oración

Señor, hoy *te pido…*

Diario de gratitud

Señor, hoy *te doy gracias por…*

1.
2.
3.

Pensamiento clave para hoy:

Dios te llama a ser aún mejor, a convertirte en una mujer de carácter noble que obedece su Palabra sin condiciones y cumple sus mandatos "con todo [su] corazón y con toda [su] alma".

VER DEUTERONOMIO 26:16

Día 59
La familia política
Devocional en pág. 259

Lee la Biblia en un año: **Deuteronomio 27–28**

Peticiones *de oración*

Señor, hoy *te pido…*

Diario *de gratitud*

Señor, hoy *te doy gracias por…*

1.
2.
3.

Pensamiento clave para hoy:

Honra a tu padre y a tu madre, para que tus días se alarguen en la tierra que Jehová tu Dios te da.

ÉXODO 20:12

Día 60
Busca a Dios de corazón
Devocional en pág. 262

Lee la Biblia en un año: **Deuteronomio 29–30**

Peticiones *de oración*

Señor, hoy *te pido…*

Diario *de gratitud*

Señor, hoy *te doy gracias por…*
1.
2.
3.

Pensamiento clave para hoy:

Dios te usará tal cual eres. Si amas a Dios y lo obedeces por amor, gozarás de su favor.

Día 61
Un Dios justo y recto
Devocional en pág. 265

Lee la Biblia en un año: **Deuteronomio 31–32**

Peticiones *de oración*

Señor, hoy *te pido…*

Diario *de gratitud*

Señor, hoy *te doy gracias por…*

1.
2.
3.

Pensamiento clave para hoy:

Hallarás fortaleza si permaneces en el fundamento firme del poder de Dios.

Día 62

Amor eterno
Devocional en pág. 269

Lee la Biblia en un año: **Deuteronomio 33–34**

Peticiones *de oración*

Señor, hoy *te pido…*

Diario *de gratitud*

Señor, hoy *te doy gracias por…*

1.
2.
3.

Pensamiento clave para hoy:

El eterno Dios es tu refugio, y acá abajo los brazos eternos.
DEUTERONOMIO 33:27A

Día 63
Esfuérzate y sé valiente
Devocional en pág. 274

Lee la Biblia en un año: Josué 1–4

Peticiones *de oración*

Señor, hoy *te pido…*

Diario *de gratitud*

Señor, hoy *te doy gracias por…*

1.
2.
3.

Pensamiento clave para hoy:

Mira que te mando que te esfuerces y seas valiente; no temas ni desmayes, porque Jehová tu Dios estará contigo en dondequiera que vayas.

JOSUÉ 1:9

Día 64

¡A levantarse temprano!
Devocional en pág. 283

Lee la Biblia en un año: **Josué 5–7**

Peticiones *de oración*

Señor, hoy *te pido…*

Diario *de gratitud*

Señor, hoy *te doy gracias por…*

1.
2.
3.

Pensamiento clave para hoy:

Cuando pasas tiempo orando y planificando durante las primeras horas del día, Dios te ayuda a encontrar un plan eficaz para ti.

Día 65

Una aventura
Devocional en pág. 286

Lee la Biblia en un año: **Josué 8–10**

Peticiones *de oración*

Señor, hoy *te pido…*

Diario *de gratitud*

Señor, hoy *te doy gracias por…*

1.
2.
3.

Pensamiento clave para hoy:

La dirección de Dios en tu vida te llevará por buen rumbo.

Día 66
La fortaleza de Dios en ti
Devocional en pág. 290

Lee la Biblia en un año: **Josué 11–14**

Peticiones *de oración*

Señor, hoy *te pido…*

Diario *de gratitud*

Señor, hoy *te doy gracias por…*

1.
2.
3.

Pensamiento clave para hoy:

*Dios ha puesto en ti esta fortaleza,
la increíble grandeza de su poder.*

Día 67
Una administradora fiel
Devocional en pág. 295

Lee la Biblia en un año: **Josué 15–17**

Peticiones *de oración*

Señor, hoy *te pido…*

Diario *de gratitud*

Señor, hoy *te doy gracias por…*
1.
2.
3.

Pensamiento clave para hoy:

El asunto no es lo mucho o poco que tienes, sino qué tan fiel eres como administradora de lo que Él te ha dado.

Día 68
Dios está en los detalles
Devocional en pág. 298

Lee la Biblia en un año: **Josué 18–21**

Peticiones *de oración*

Señor, hoy *te pido…*

Diario *de gratitud*

Señor, hoy *te doy gracias por…*

1.
2.
3.

Pensamiento clave para hoy:

No faltó palabra de todas las buenas promesas que Jehová había hecho a la casa de Israel; todo se cumplió.

JOSUÉ 21:45

Día 69
Usa tu mente de manera sabia
Devocional en pág. 302

Lee la Biblia en un año: Josué 22–24

Peticiones de oración

Señor, hoy *te pido…*

Diario de gratitud

Señor, hoy *te doy gracias por…*

1.
2.
3.

Pensamiento clave para hoy:

Guardad, pues, con diligencia vuestras almas, para que améis a Jehová vuestro Dios.

JOSUÉ 23:11

Día 70
Toca la vida de otros
Devocional en pág. 309

Lee la Biblia en un año: **Jueces 1–3**

Peticiones *de oración*

Señor, hoy *te pido…*

Diario *de gratitud*

Señor, hoy *te doy gracias por…*

1.
2.
3.

Pensamiento clave para hoy:

Toca la vida de otros con el amor, la gracia y el poder de Cristo.

Día 71
Una mujer excepcional
Devocional en pág. 314

Lee la Biblia en un año: **Jueces 4–6**

Peticiones *de oración*

Señor, hoy *te pido…*

Diario *de gratitud*

Señor, hoy *te doy gracias por…*

1.
2.
3.

Pensamiento clave para hoy:

Sé una mujer diligente, consagrada, dedicada, dispuesta y preparada. ¡Sé una mujer excepcional!

Día 72

Tu máximo potencial
Devocional en pág. 320

Lee la Biblia en un año: **Jueces 7–9**

Peticiones *de oración*

Señor, hoy *te pido…*

Diario *de gratitud*

Señor, hoy *te doy gracias por…*

1.
2.
3.

Pensamiento clave para hoy:

Una persona común y corriente, en las manos de Dios, puede hacer cosas extraordinarias para Él.

Día 73
El costo de la fe
Devocional en pág. 325

....
....
....
....
....
....

Lee la Biblia en un año: **Jueces 10–12**

Peticiones *de oración*

Señor, hoy *te pido…*

....
....
....
....

Diario *de gratitud*

Señor, hoy *te doy gracias por…*

1. ....
2. ....
3. ....

Pensamiento clave para hoy:

¡No puedes transmitir algo que tú no vives!

Día 74

Tu mejor amigo
Devocional en pág. 330

Lee la Biblia en un año: **Jueces 13–15**

Peticiones *de oración*

Señor, hoy *te pido…*

Diario *de gratitud*

Señor, hoy *te doy gracias por…*

1.
2.
3.

Pensamiento clave para hoy:

Si estás casada, tu cónyuge debe ser tu principal motivo de atención (después de Dios, por supuesto).

Día 75
No cedas a la tentación
Devocional en pág. 337

Lee la Biblia en un año: **Jueces 16–18**

Peticiones *de oración*

Señor, hoy *te pido…*

Diario *de gratitud*

Señor, hoy *te doy gracias por…*

1.
2.
3.

Pensamiento clave para hoy:

*Acude a Dios y pídele
que te dé fuerzas para resistir la tentación.*

Día 76

A mi manera
Devocional en pág. 341

Lee la Biblia en un año: **Jueces 19–21**

Peticiones *de oración*

Señor, hoy *te pido…*

Diario *de gratitud*

Señor, hoy *te doy gracias por…*

1.
2.
3.

Pensamiento clave para hoy:

Antes bien, creced en la gracia y el conocimiento de nuestro Señor y Salvador Jesucristo.

2 PEDRO 3:18

Día 77

Una mujer virtuosa
Devocional en pág. 347

Lee la Biblia en un año: **Rut**

Peticiones *de oración*

Señor, hoy *te pido…*

Diario *de gratitud*

Señor, hoy *te doy gracias por…*

1.
2.
3.

Pensamiento clave para hoy:

Agradece a Dios por tus hijos y tus nietos, si los tienes. Ellos son tesoros preciosos y estrellas de tu corona.

Día 78
Una mujer llena de gracia
Devocional en pág. 357

Lee la Biblia en un año: **1 Samuel 1–3**

Peticiones *de oración*

Señor, hoy *te pido…*

Diario *de gratitud*

Señor, hoy *te doy gracias por…*

1.
2.
3.

Pensamiento clave para hoy:

Aunque tu mente esté nublada por el dolor, deja que tu fe resplandezca.

Día 79
Una cuestión de confianza
Devocional en pág. 362

Lee la Biblia en un año: **1 Samuel 4–6**

Peticiones *de oración*

Señor, hoy *te pido…*

Diario *de gratitud*

Señor, hoy *te doy gracias por…*

1.
2.
3.

Pensamiento clave para hoy:

Si confías en Dios como tu Señor debes permitirle obrar en tu vida.

Día 80

La oración que agrada a Dios

Devocional en pág. 365

Lee la Biblia en un año: **1 Samuel 7–9**

Peticiones *de oración*

Señor, hoy *te pido…*

Diario *de gratitud*

Señor, hoy *te doy gracias por…*

1.
2.
3.

Pensamiento clave para hoy:

Al orar, asegúrate de presentarte ante Dios con un espíritu afable y apacible y cosecharás sus bendiciones.

Día 81
Una mujer de carácter y fortaleza
Devocional en pág. 369

Lee la Biblia en un año: **1 Samuel 10–12**

Peticiones *de oración*

Señor, hoy *te pido…*

Diario *de gratitud*

Señor, hoy *te doy gracias por…*

1.
2.
3.

Pensamiento clave para hoy:

*Decide evitar las distracciones superficiales.
Sirve a Dios con todo tu corazón.*

Día 82
¿Por qué este título?
Devocional en pág. 372

Lee la Biblia en un año: **1 Samuel 13–14**

Peticiones *de oración*

Señor, hoy *te pido…*

Diario *de gratitud*

Señor, hoy *te doy gracias por…*

1.
2.
3.

Pensamiento clave para hoy:

*Señor, tú me llamas a ser una mujer conforme a tu corazón.
Ayúdame a guardar tus mandatos y ser fiel a tu verdad.*

Día 83

La belleza del corazón
Devocional en pág. 376

Lee la Biblia en un año: **1 Samuel 15–16**

Peticiones de oración

Señor, hoy *te pido…*

Diario de gratitud

Señor, hoy *te doy gracias por…*

1.
2.
3.

Pensamiento clave para hoy:

No permitas que la apariencia externa se convierta en una obsesión que debilite la piedad y el encanto que nacen en el corazón.

Día 84
Nuestra batalla
Devocional en pág. 381

Lee la Biblia en un año: **1 Samuel 17–18**

Peticiones *de oración*

Señor, hoy *te pido…*

Diario *de gratitud*

Señor, hoy *te doy gracias por…*

1.
2.
3.

Pensamiento clave para hoy:

No nos enfrentamos a enemigos espirituales en nuestras propias fuerzas, sino que dependemos completamente de la fortaleza del Señor y del poder de su fuerza.

Día 85
Un carácter amigable
Devocional en pág. 386

Lee la Biblia en un año: **1 Samuel 19–20**

Peticiones *de oración*

Señor, hoy *te pido…*

Diario *de gratitud*

Señor, hoy *te doy gracias por…*
1.
2.
3.

Pensamiento clave para hoy:

En todo tiempo ama el amigo, y es como un hermano en tiempo de angustia.

PROVERBIOS 17:17

Día 86
Habla con Dios
Devocional en pág. 389

Lee la Biblia en un año: **1 Samuel 21–23**

Peticiones *de oración*

Señor, hoy *te pido…*

Diario *de gratitud*

Señor, hoy *te doy gracias por…*
1.
2.
3.

Pensamiento clave para hoy:

Acercaos a Dios, y él se acercará a vosotros.
SANTIAGO 4:8A

Día 87
Sabiduría divina
Devocional en pág. 392

Lee la Biblia en un año: **1 Samuel 24–26**

Peticiones *de oración*

Señor, hoy *te pido…*

Diario *de gratitud*

Señor, hoy *te doy gracias por…*

1.
2.
3.

Pensamiento clave para hoy:

Tú puedes enfrentar adecuadamente cada reto o dificultad con la sabiduría de Dios.

Día 88

¿Quién tiene la culpa?
Devocional en pág. 398

Lee la Biblia en un año: **1 Samuel 27–29**

Peticiones *de oración*

Señor, hoy *te pido…*

Diario *de gratitud*

Señor, hoy *te doy gracias por…*

1.
2.
3.

Pensamiento clave para hoy:

Es maravilloso saber que podemos experimentar la totalidad de la gracia de Dios cuando reconocemos que hemos caído y fallado y le pedimos perdón.

Día 89
Sé buena
Devocional en pág. 401

Lee la Biblia en un año: **1 Samuel 30–31**

Peticiones *de oración*

Señor, hoy *te pido…*

Diario *de gratitud*

Señor, hoy *te doy gracias por…*

1.
2.
3.

Pensamiento clave para hoy:

Así como nuestro Señor es bueno, nosotras también debemos serlo.

Día 90

Una verdadera amiga del alma
Devocional en pág. 407

Lee la Biblia en un año: **2 Samuel 1–3**

Peticiones *de oración*

Señor, hoy *te pido…*

Diario *de gratitud*

Señor, hoy *te doy gracias por…*

1.
2.
3.

Pensamiento clave para hoy:

No hay nada más maravilloso que tener una amiga que comparta nuestra visión espiritual.

Día 91
El camino divino hacia el éxito
Devocional en pág. 410

Lee la Biblia en un año: 2 Samuel 4–6

Peticiones *de oración*

Señor, hoy *te pido…*

Diario *de gratitud*

Señor, hoy *te doy gracias por…*

1.
2.
3.

Pensamiento clave para hoy:

Para alcanzar el éxito solo hace falta obedecer a Dios sin condiciones y hacer su voluntad en nuestra vida.

Día 92
Un corazón bondadoso
Devocional en pág. 414

Lee la Biblia en un año: **2 Samuel 7–10**

Peticiones *de oración*

Señor, hoy *te pido…*

Diario *de gratitud*

Señor, hoy *te doy gracias por…*

1.
2.
3.

Pensamiento clave para hoy:

Pide a Dios que te dé un corazón lleno de amor y ojos para ver las necesidades de aquellos que te rodean.

Día 93
Lejos de ser perfecta
Devocional en pág. 417

Lee la Biblia en un año: **2 Samuel 11–13**

Peticiones *de oración*

Señor, hoy *te pido…*

Diario *de gratitud*

Señor, hoy *te doy gracias por…*
1.
2.
3.

Pensamiento clave para hoy:

Señor, aunque muchas veces dejo de buscar tu rostro, tú aún me amas y quieres lo mejor para mí.

Día 94

Practica lo que predicas
Devocional en pág. 424

Lee la Biblia en un año: **2 Samuel 14–15**

Peticiones *de oración*

Señor, hoy *te pido…*

Diario *de gratitud*

Señor, hoy *te doy gracias por…*
1.
2.
3.

Pensamiento clave para hoy:

Vivir una fe genuina frente a tus hijos es clave para su vida espiritual.

Día 95
Natural y normal
Devocional en pág. 427

Lee la Biblia en un año: **2 Samuel 16–17**

Peticiones *de oración*

Señor, hoy *te pido…*

Diario *de gratitud*

Señor, hoy *te doy gracias por…*

1.
2.
3.

Pensamiento clave para hoy:

Que tus palabras, cualesquiera que sean, te conduzcan a Aquel que confortará tu alma.

Día 96

Fortaleza para seguir adelante
Devocional en pág. 430

Lee la Biblia en un año: **2 Samuel 18–20**

Peticiones *de oración*

Señor, hoy *te pido…*

Diario *de gratitud*

Señor, hoy *te doy gracias por…*

1.
2.
3.

Pensamiento clave para hoy:

Puedes tener esperanza cualquiera que sea tu situación, porque Él es un Dios poderoso, compasivo y amoroso que conforta tu alma.

Día 97

La paciencia
Devocional en pág. 434

Lee la Biblia en un año: **2 Samuel 21–22**

Peticiones *de oración*

Señor, hoy *te pido…*

Diario *de gratitud*

Señor, hoy *te doy gracias por…*

1.
2.
3.

Pensamiento clave para hoy:

En cuanto a Dios, perfecto es su camino, y acrisolada la palabra de Jehová. Escudo es a todos los que en él esperan.

2 SAMUEL 22:31

Día 98

El perdón de Dios es completo
Devocional en pág. 439

Lee la Biblia en un año: **2 Samuel 23–24**

Peticiones *de oración*

Señor, hoy te pido…

Diario *de gratitud*

Señor, hoy te doy gracias por…

1.
2.
3.

Pensamiento clave para hoy:

Por la gracia y la misericordia de Dios, siempre podemos contar con un nuevo comienzo.

Día 99
Por todas las generaciones
Devocional en pág. 445

Lee la Biblia en un año: **1 Reyes 1–2**

Peticiones *de oración*

Señor, hoy *te pido…*

Diario *de gratitud*

Señor, hoy *te doy gracias por…*

1.
2.
3.

Pensamiento clave para hoy:

El consejo de Jehová permanecerá para siempre; los pensamientos de su corazón por todas las generaciones.

SALMOS 33:11

Día 100

Busca la sabiduría de Dios
Devocional en pág. 451

Lee la Biblia en un año: **1 Reyes 3–5**

Peticiones *de oración*

Señor, hoy *te pido…*

Diario *de gratitud*

Señor, hoy *te doy gracias por…*

1.
2.
3.

Pensamiento clave para hoy:

Señor, dame un corazón entendido y tu sabiduría para afrontar las exigencias de cada día.

Día 101
El cuidado de tu hogar
Devocional en pág. 454

Lee la Biblia en un año: **1 Reyes 6–7**

Peticiones *de oración*

Señor, hoy *te pido…*

Diario *de gratitud*

Señor, hoy *te doy gracias por…*

1.
2.
3.

Pensamiento clave para hoy:

Haz todo lo posible para que en tu casa se respire un "aire de paz".

Día 102

Preciosas promesas
Devocional en pág. 458

Lee la Biblia en un año: **1 Reyes 8–9**

Peticiones *de oración*

Señor, hoy *te pido…*

Diario *de gratitud*

Señor, hoy *te doy gracias por…*

1.
2.
3.

Pensamiento clave para hoy:

…ninguna palabra de todas sus promesas que expresó por Moisés su siervo, ha faltado.

1 REYES 8:56

Día 103
Un corazón sabio
Devocional en pág. 462

Lee la Biblia en un año: **1 Reyes 10–12**

Peticiones *de oración*

Señor, hoy *te pido…*

Diario *de gratitud*

Señor, hoy *te doy gracias por…*

1.
2.
3.

Pensamiento clave para hoy:

Mejor es adquirir sabiduría que oro preciado.
PROVERBIOS 16:16A

Día 104

El camino recto
Devocional en pág. 467

Lee la Biblia en un año: **1 Reyes 13–15**

Peticiones *de oración*

Señor, hoy *te pido…*

Diario *de gratitud*

Señor, hoy *te doy gracias por…*

1.
2.
3.

Pensamiento clave para hoy:

Examina la senda de tus pies, y todos tus caminos sean rectos.
PROVERBIOS 4:26

Día 105

Un puñado para compartir
Devocional en pág. 472

Lee la Biblia en un año: **1 Reyes 16–18**

Peticiones *de oración*

Señor, hoy *te pido…*

Diario *de gratitud*

Señor, hoy *te doy gracias por…*

1.
2.
3.

Pensamiento clave para hoy:

*Mira a tu alrededor y fíjate quién está necesitado.
¡Abre tu corazón y tus manos!*

Día 106
Juntas en el camino de la fe
Devocional en pág. 478

Lee la Biblia en un año: **1 Reyes 19–20**

Peticiones *de oración*

Señor, hoy *te pido…*

Diario *de gratitud*

Señor, hoy *te doy gracias por…*

1.
2.
3.

Pensamiento clave para hoy:

Dios, ayúdame a encontrar una mentora que pueda ser ejemplo de una vida de madurez en su fe y obediencia.

Día 107
Fortaleza y gracia
Devocional en pág. 482

Lee la Biblia en un año: **1 Reyes 21–22**

Peticiones *de oración*

Señor, hoy *te pido…*

Diario *de gratitud*

Señor, hoy *te doy gracias por…*

1.
2.
3.

Pensamiento clave para hoy:

La verdadera satisfacción y felicidad llegan cuando vives en la voluntad de Dios.

Día 108
Persevera en la oración
Devocional en pág. 488

Lee la Biblia en un año: **2 Reyes 1–3**

Peticiones *de oración*

Señor, hoy *te pido…*

Diario *de gratitud*

Señor, hoy *te doy gracias por…*

1.
2.
3.

Pensamiento clave para hoy:

¡La oración ferviente de una mujer, esposa y madre justa puede mucho! Ora "en todo tiempo con toda oración y súplica en el Espíritu".

VER EFESIOS 6:18

Día 109
Una mujer agradecida
Devocional en pág. 492

Lee la Biblia en un año: **2 Reyes 4–6**

Peticiones *de oración*

Señor, hoy *te pido…*

Diario *de gratitud*

Señor, hoy *te doy gracias por…*

1.
2.
3.

Pensamiento clave para hoy:

Señor, quiero ser una mujer que encuentra paz, plenitud y gozo en su oportunidad de servir a otros.

Día 110

Un paso de fe
Devocional en pág. 499

Lee la Biblia en un año: **2 Reyes 7–8**

Peticiones *de oración*

Señor, hoy *te pido…*

Diario *de gratitud*

Señor, hoy *te doy gracias por…*

1.
2.
3.

Pensamiento clave para hoy:

Dios, te ruego que avives la llama de mi fe. Fortaléceme en mi deseo de alcanzar una fe incondicional y renovada.

Día 111
Un corazón valiente
Devocional en pág. 504

Lee la Biblia en un año: **2 Reyes 9–11**

Peticiones *de oración*

Señor, hoy *te pido…*

Diario *de gratitud*

Señor, hoy *te doy gracias por…*

1.
2.
3.

Pensamiento clave para hoy:

Señor, dame un corazón valiente y convencido.

Día 112
Haz el bien
Devocional en pág. 508

Lee la Biblia en un año: **2 Reyes 12–14**

Peticiones *de oración*

Señor, hoy *te pido…*

Diario *de gratitud*

Señor, hoy *te doy gracias por…*
1.
2.
3.

Pensamiento clave para hoy:

Apártate del mal, y haz el bien, y vivirás para siempre.
SALMOS 37:27

Día 113

Pon tu mirada en el Señor
Devocional en pág. 511

Lee la Biblia en un año: **2 Reyes 15–17**

Peticiones *de oración*

Señor, hoy *te pido…*

Diario *de gratitud*

Señor, hoy *te doy gracias por…*

1.
2.
3.

Pensamiento clave para hoy:

Sean gratos los dichos de mi boca y la meditación de mi corazón delante de ti, oh Jehová, roca mía, y redentor mío.

SALMOS 19:14

Día 114
Dios no se equivoca
Devocional en pág. 516

Lee la Biblia en un año: **2 Reyes 18–19**

Peticiones *de oración*

Señor, hoy *te pido…*

Diario *de gratitud*

Señor, hoy *te doy gracias por…*

1.
2.
3.

Pensamiento clave para hoy:

En cuanto a Dios, perfecto es su camino, y acrisolada la palabra de Jehová; escudo es a todos los que en él esperan.

SALMOS 18:30

Día 115
Una mujer que jamás se desanima
Devocional en pág. 519

Lee la Biblia en un año: **2 Reyes 20–22**

Peticiones *de oración*

Señor, hoy *te pido…*

Diario *de gratitud*

Señor, hoy *te doy gracias por…*

1.
2.
3.

Pensamiento clave para hoy:

Permite que Dios te enriquezca y te prepare para el ministerio.

Día 116
Toma decisiones sabias
Devocional en pág. 524

....
....
....
....
....
....

Lee la Biblia en un año: **2 Reyes 23–25**

Peticiones *de oración*

Señor, hoy *te pido…*
....
....
....
....

Diario *de gratitud*

Señor, hoy *te doy gracias por…*
1. ....
2. ....
3. ....

Pensamiento clave para hoy:

Coloca a Dios en primer lugar.
Ármate con el escudo de su sabiduría.

Día 117

¿Qué abunda en tu corazón?
Devocional en pág. 531

....
....
....
....
....
....

Lee la Biblia en un año: **1 Crónicas 1–2**

Peticiones *de oración*

Señor, hoy *te pido…*

....
....
....
....

Diario *de gratitud*

Señor, hoy *te doy gracias por…*

1. ....
2. ....
3. ....

Pensamiento clave para hoy:

Si quieres vivir una vida piadosa tienes que llenar tu mente de lo bueno.

Día 118
Dios conoce cada paso
Devocional en pág. 533

Lee la Biblia en un año: **1 Crónicas 3–5**

Peticiones *de oración*

Señor, hoy *te pido…*

Diario *de gratitud*

Señor, hoy *te doy gracias por…*

1.
2.
3.

Pensamiento clave para hoy:

Dios es el autor de cada momento de tu vida.

Día 119

Atenta, creativa, segura
Devocional en pág. 536

Lee la Biblia en un año: **1 Crónicas 6–7**

Peticiones *de oración*

Señor, hoy *te pido…*

Diario *de gratitud*

Señor, hoy *te doy gracias por…*

1.
2.
3.

Pensamiento clave para hoy:

La mujer que teme a Jehová, esa será alabada.

PROVERBIOS 31:30B

Día 120

Tus días están determinados

Devocional en pág. 540

Lee la Biblia en un año: **1 Crónicas 8–10**

Peticiones *de oración*

Señor, hoy *te pido…*

Diario *de gratitud*

Señor, hoy *te doy gracias por…*

1.
2.
3.

Pensamiento clave para hoy:

Haz tu máximo esfuerzo y saca de cada día el mejor provecho, el mayor gozo, la mayor fe y la mayor inspiración.

Día 121
Frutos de la fidelidad
Devocional en pág. 544

Lee la Biblia en un año: **1 Crónicas 11–13**

Peticiones *de oración*

Señor, hoy *te pido…*

Diario *de gratitud*

Señor, hoy *te doy gracias por…*

1.
2.
3.

Pensamiento clave para hoy:

*Como cristianas, somos representantes de Cristo.
Proponte ser un ejemplo intachable de su amor y de su honor.*

Día 122

Un corazón agradecido
Devocional en pág. 547

Lee la Biblia en un año: **1 Crónicas 14–16**

Peticiones *de oración*

Señor, hoy *te pido…*

Diario *de gratitud*

Señor, hoy *te doy gracias por…*

1.
2.
3.

Pensamiento clave para hoy:

*Cantad entre las gentes su gloria,
y en todos los pueblos sus maravillas.*

1 CRÓNICAS 16:24

Día 123
Fortaleza de carácter
Devocional en pág. 551

Lee la Biblia en un año: **1 Crónicas 17–19**

Peticiones *de oración*

Señor, hoy *te pido…*

Diario *de gratitud*

Señor, hoy *te doy gracias por…*

1.
2.
3.

Pensamiento clave para hoy:

*Adopta un espíritu de mansedumbre y templanza.
Dios quiere que estos frutos distingan tu vida.*

Día 124

Los siete pasos de una decisión

Devocional en pág. 554

Lee la Biblia en un año: **1 Crónicas 20–22**

Peticiones *de oración*

Señor, hoy *te pido*…

Diario *de gratitud*

Señor, hoy *te doy gracias por*…

1.
2.
3.

Pensamiento clave para hoy:

Dios te dará la sabiduría que proviene del cielo.

VER SANTIAGO 3:17

Día 125

Adora al Rey
Devocional en pág. 556

Lee la Biblia en un año: **1 Crónicas 23–25**

Peticiones *de oración*

Señor, hoy *te pido…*

Diario *de gratitud*

Señor, hoy *te doy gracias por…*

1.
2.
3.

Pensamiento clave para hoy:

Adora al Rey de reyes con salmos, himnos y cánticos espirituales.

VER COLOSENSES 3:16

Día 126
Haz todo de corazón
Devocional en pág. 559

Lee la Biblia en un año: **1 Crónicas 26–27**

Peticiones *de oración*

Señor, hoy *te pido…*

Diario *de gratitud*

Señor, hoy *te doy gracias por…*

1.
2.
3.

Pensamiento clave para hoy:

Es bueno servir a aquellos que te rodean con lo mejor de ti, pero que tu motivación sea siempre agradar al Señor y no recibir elogios de nadie.

Día 127
Deja la complacencia
Devocional en pág. 562

Lee la Biblia en un año: 1 Crónicas 28–29

Peticiones *de oración*

Señor, hoy *te pido...*

Diario *de gratitud*

Señor, hoy *te doy gracias por...*

1.
2.
3.

Pensamiento clave para hoy:

Anímate y esfuérzate, y manos a la obra; no temas, ni desmayes, porque Jehová Dios, mi Dios, estará contigo.

1 CRÓNICAS 28:20

Día 128

Pide sabiduría
Devocional en pág. 568

Lee la Biblia en un año: **2 Crónicas 1–4**

Peticiones de oración

Señor, hoy *te pido…*

Diario de gratitud

Señor, hoy *te doy gracias por…*

1.
2.
3.

Pensamiento clave para hoy:

La sabiduría es la capacidad de ver la vida con la perspectiva de Dios.

Día 129
Una existencia poderosa y emocionante
Devocional en pág. 573

Lee la Biblia en un año: **2 Crónicas 5–7**

Peticiones *de oración*

Señor, hoy *te pido…*

Diario *de gratitud*

Señor, hoy *te doy gracias por…*
1.
2.
3.

Pensamiento clave para hoy:
*Sigue las instrucciones de Dios
y estarás viviendo una gran aventura.*

Día 130

La verdadera riqueza
Devocional en pág. 577

Lee la Biblia en un año: **2 Crónicas 8–10**

Peticiones *de oración*

Señor, hoy *te pido…*

Diario *de gratitud*

Señor, hoy *te doy gracias por…*

1.
2.
3.

Pensamiento clave para hoy:

*Porque donde esté vuestro tesoro,
allí estará también vuestro corazón.*

MATEO 6:21

Día 131

¿Por qué buscas paz?
Devocional en pág. 582

....
....
....
....
....

Lee la Biblia en un año: **2 Crónicas 11–14**

Peticiones *de oración*

Señor, hoy *te pido…*

....
....
....
....

Diario *de gratitud*

Señor, hoy *te doy gracias por…*

1. ....
2. ....
3. ....

Pensamiento clave para hoy:

*Busca refugio en Dios
y descansa en sus promesas de paz.*

Día 132
Un corazón perfecto
Devocional en pág. 586

Lee la Biblia en un año: **2 Crónicas 15–18**

Peticiones *de oración*

Señor, hoy *te pido…*

Diario *de gratitud*

Señor, hoy *te doy gracias por…*

1.
2.
3.

Pensamiento clave para hoy:

Porque los ojos de Jehová contemplan toda la tierra, para mostrar su poder a favor de los que tienen corazón perfecto para con él.

2 CRÓNICAS 16:9

Día 133
La vida es difícil
Devocional en pág. 589

Lee la Biblia en un año: **2 Crónicas 19–21**

Peticiones *de oración*

Señor, hoy *te pido…*

Diario *de gratitud*

Señor, hoy *te doy gracias por…*

1.
2.
3.

Pensamiento clave para hoy:

Clama a Dios y encontrarás el consuelo, la paz y el amor del Dios vivo.

Día 134

¡Espera!
Devocional en pág. 593

Lee la Biblia en un año: 2 **Crónicas 22–25**

Peticiones *de oración*

Señor, hoy *te pido…*

Diario *de gratitud*

Señor, hoy *te doy gracias por…*

1.
2.
3.

Pensamiento clave para hoy:

Si quieres ser una mujer conforme al corazón de Dios, permite que Él marque el paso.

Día 135
Templa tu carácter
Devocional en pág. 598

Lee la Biblia en un año: **2 Crónicas 26–28**

Peticiones *de oración*

Señor, hoy *te pido…*

Diario *de gratitud*

Señor, hoy *te doy gracias por…*

1.
2.
3.

Pensamiento clave para hoy:

Ser sabia es saber elegir lo mejor de lo mejor y vivir conforme a los principios divinos.

Día 136
Fiel en todas las cosas
Devocional en pág. 601

Lee la Biblia en un año: **2 Crónicas 29–31**

Peticiones *de oración*

Señor, hoy *te pido…*

Diario *de gratitud*

Señor, hoy *te doy gracias por…*

1.
2.
3.

Pensamiento clave para hoy:

Conocer la voluntad de Dios es el mayor tesoro de una mujer. Y hacer su voluntad es el mayor privilegio en la vida.

Día 137

Líder y sierva
Devocional en pág. 606

Lee la Biblia en un año: **2 Crónicas 32–33**

Peticiones *de oración*

Señor, hoy *te pido…*

Diario *de gratitud*

Señor, hoy *te doy gracias por…*

1.
2.
3.

Pensamiento clave para hoy:

Si Dios te ha puesto hoy en una posición de liderazgo, sigue el ejemplo de Jesús con un corazón humilde y generoso.

Día 138
Lee el manual
Devocional en pág. 609

Lee la Biblia en un año: **2 Crónicas 34–36**

Peticiones *de oración*

Señor, hoy *te pido…*

Diario *de gratitud*

Señor, hoy *te doy gracias por…*

1.
2.
3.

Pensamiento clave para hoy:

La Palabra de Dios te ayudará a encontrar el sentido y el rumbo de tu vida, pero solo si la lees.

Día 139

Un llamado a la diligencia
Devocional en pág. 617

Lee la Biblia en un año: **Esdras 1–4**

Peticiones *de oración*

Señor, hoy *te pido…*

Diario *de gratitud*

Señor, hoy *te doy gracias por…*

1.
2.
3.

Pensamiento clave para hoy:
Mas el alma de los diligentes será prosperada.
PROVERBIOS 13:4

Día 140

La historia de la chimenea

Devocional en pág. 620

Lee la Biblia en un año: **Esdras 5–7**

Peticiones *de oración*

Señor, hoy *te pido…*

Diario *de gratitud*

Señor, hoy *te doy gracias por…*

1.
2.
3.

Pensamiento clave para hoy:

Señor, libérame del egoísmo para que pueda edificar esta familia con la que me has bendecido.

Día 141
"Examíname, oh Dios"
Devocional en pág. 624

Lee la Biblia en un año: **Esdras 8–10**

Peticiones *de oración*

Señor, hoy *te pido…*

Diario *de gratitud*

Señor, hoy *te doy gracias por…*

1.
2.
3.

Pensamiento clave para hoy:

Examíname, oh Dios, y conoce mi corazón;
Pruébame y conoce mis pensamientos.

SALMOS 139:23

Día 142

Dios te ve y te entiende
Devocional en pág. 631

Lee la Biblia en un año: **Nehemías 1–4**

Peticiones *de oración*

Señor, hoy *te pido…*

Diario *de gratitud*

Señor, hoy *te doy gracias por…*

1.
2.
3.

Pensamiento clave para hoy:

Acepta cada suceso de tu vida con la confianza de que está en las manos de un Dios infinitamente sabio que te ama como nadie.

Día 143
Comparte el gozo
Devocional en pág. 636

Lee la Biblia en un año: **Nehemías 5–8**

Peticiones *de oración*

Señor, hoy *te pido…*

Diario *de gratitud*

Señor, hoy *te doy gracias por…*

1.
2.
3.

Pensamiento clave para hoy:

Proponte vivir cada día con alegría. Escucha música. Sonríe. Ríete con otros. Esto revolucionará tu vida.

Día 144
Totalmente inmerecido
Devocional en pág. 640

Lee la Biblia en un año: **Nehemías 9–10**

Peticiones *de oración*

Señor, hoy *te pido…*

Diario *de gratitud*

Señor, hoy *te doy gracias por…*
1.
2.
3.

Pensamiento clave para hoy:

La única manera de experimentar la gracia de Dios es por la fe en Jesucristo.

Día 145
Un verdadero líder
Devocional en pág. 644

Lee la Biblia en un año: **Nehemías 11–13**

Peticiones *de oración*

Señor, hoy *te pido…*

Diario *de gratitud*

Señor, hoy *te doy gracias por…*

1.
2.
3.

Pensamiento clave para hoy:

Necesitas dominio propio para que tu vida sea un ejemplo que otros quieran seguir.

Día 146

La mujer "exterior"
Devocional en pág. 650

Lee la Biblia en un año: **Ester 1–3**

Peticiones *de oración*

Señor, hoy *te pido…*

Diario *de gratitud*

Señor, hoy *te doy gracias por…*

1.
2.
3.

Pensamiento clave para hoy:

Cuidar tu apariencia tiene su lugar, pero no permitas que se convierta en una preocupación u obsesión. Tú te ves exactamente como Dios te diseñó.

Día 147

¡Que comience la aventura!
Devocional en pág. 656

....
....
....
....
....
....

Lee la Biblia en un año: **Ester 4–7**

Peticiones *de oración*

Señor, hoy *te pido…*

....
....
....
....

Diario *de gratitud*

Señor, hoy *te doy gracias por…*

1. ....
2. ....
3. ....

Pensamiento clave para hoy:

*Sigue la guía de Dios y estarás
en una de las grandes aventuras de la vida.*

Día 148

La verdadera belleza nunca se desvanece

Devocional en pág. 659

Lee la Biblia en un año: **Ester 8–10**

Peticiones *de oración*

Señor, hoy *te pido…*

Diario *de gratitud*

Señor, hoy *te doy gracias por…*

1.
2.
3.

Pensamiento clave para hoy:

Engañosa es la gracia, y vana la hermosura; La mujer que teme a Jehová, ésa será alabada.

PROVERBIOS 31:30

Día 149

Nuestro dinero no nos pertenece
Devocional en pág. 665

Lee la Biblia en un año: **Job 1–4**

Peticiones *de oración*

Señor, hoy *te pido…*

Diario *de gratitud*

Señor, hoy *te doy gracias por…*

1.
2.
3.

Pensamiento clave para hoy:

Señor, ayúdame a dar con gracia y constancia aun cuando los recursos sean limitados.

Día 150

No termines el día frustrada

Devocional en pág. 669

Lee la Biblia en un año: **Job 5–8**

Peticiones *de oración*

Señor, hoy *te pido*…

Diario *de gratitud*

Señor, hoy *te doy gracias por*…

1.
2.
3.

Pensamiento clave para hoy:

Empezar cada día con Dios cambiará tus prioridades.

Día 151
¿Qué voy a hacer hoy?
Devocional en pág. 672

Lee la Biblia en un año: **Job 9–12**

Peticiones *de oración*

Señor, hoy *te pido…*

Diario *de gratitud*

Señor, hoy *te doy gracias por…*

1.
2.
3.

Pensamiento clave para hoy:

Encomienda a Jehová tus obras, y tus pensamientos serán afirmados.
PROVERBIOS 16:3

Día 152

Cuenta tus días
Devocional en pág. 676

....
....
....
....
....
....

Lee la Biblia en un año: **Job 13–16**

Peticiones *de oración*

Señor, hoy *te pido…*

....
....
....
....

Diario *de gratitud*

Señor, hoy *te doy gracias por…*

1. ....
2. ....
3. ....

Pensamiento clave para hoy:

*No malgastes tu bien más preciado: tu vida.
Usa cada uno de tus días para la gloria de Dios
y el bien de otros.*

Día 153

Di la verdad
Devocional en pág. 680

Lee la Biblia en un año: **Job 17–20**

Peticiones *de oración*

Señor, hoy *te pido…*

Diario *de gratitud*

Señor, hoy *te doy gracias por…*

1.
2.
3.

Pensamiento clave para hoy:

La característica distintiva de una gran amistad es la franqueza genuina.

Día 154
Alimento necesario
Devocional en pág. 683

Lee la Biblia en un año: **Job 21–24**

Peticiones *de oración*

Señor, hoy *te pido…*

Diario *de gratitud*

Señor, hoy *te doy gracias por…*
1.
2.
3.

Pensamiento clave para hoy:

Guardé las palabras de su boca más que mi comida.

JOB 23:12B

Día 155

Murmuración
Devocional en pág. 687

Lee la Biblia en un año: **Job 25–30**

Peticiones *de oración*

Señor, hoy *te pido…*

Diario *de gratitud*

Señor, hoy *te doy gracias por…*

1.
2.
3.

Pensamiento clave para hoy:

Que todo el tiempo que mi alma esté en mí,… mis labios no hablarán iniquidad, ni mi lengua pronunciará engaño.

JOB 27:3-4

Día 156

Palabras dulces
Devocional en pág. 691

Lee la Biblia en un año: **Job 31–34**

Peticiones *de oración*

Señor, hoy *te pido…*

Diario *de gratitud*

Señor, hoy *te doy gracias por…*

1.
2.
3.

Pensamiento clave para hoy:

*Mis razones declararán la rectitud de mi corazón,
y lo que saben mis labios, lo hablarán con sinceridad.*

JOB 33:3

Día 157
Las buenas nuevas
Devocional en pág. 696

Lee la Biblia en un año: **Job 35–38**

Peticiones *de oración*

Señor, hoy *te pido…*

Diario *de gratitud*

Señor, hoy *te doy gracias por…*

1.
2.
3.

Pensamiento clave para hoy:

Gracias a la obra del Espíritu de Dios en nosotras, podemos ser mujeres que aman y alaban a Dios en cada circunstancia.

Día 158
Confía y ten esperanza
Devocional en pág. 701

Lee la Biblia en un año: **Job 39–42**

Peticiones *de oración*

Señor, hoy *te pido…*

Diario *de gratitud*

Señor, hoy *te doy gracias por…*

1.
2.
3.

Pensamiento clave para hoy:

En el mundo tendréis aflicción; pero confiad, yo he vencido al mundo.

JUAN 16:33B

Día 159

Mírate bien
Devocional en pág. 709

Lee la Biblia en un año: **Salmos 1–8**

Peticiones *de oración*

Señor, hoy *te pido…*

Diario *de gratitud*

Señor, hoy *te doy gracias por…*

1.
2.
3.

Pensamiento clave para hoy:

Enfocarte en Dios te dará la confianza, la seguridad y la fortaleza para superar cualquier dificultad y seguir firme en el Señor.

Día 160

Plenitud de gozo
Devocional en pág. 713

Lee la Biblia en un año: **Salmos 9–17**

Peticiones *de oración*

Señor, hoy *te pido…*

Diario *de gratitud*

Señor, hoy *te doy gracias por…*

1.
2.
3.

Pensamiento clave para hoy:

En tu presencia hay plenitud de gozo;
Delicias a tu diestra para siempre.

SALMOS 16:11

Día 161
La verdad de Dios
Devocional en pág. 718

....
....
....
....
....
....

Lee la Biblia en un año: **Salmos 18–21**

Peticiones *de oración*

Señor, hoy *te pido…*

....
....
....
....

Diario *de gratitud*

Señor, hoy *te doy gracias por…*

1. ....
2. ....
3. ....

Pensamiento clave para hoy:

Los mandamientos de Jehová son rectos, que alegran el corazón;
El precepto de Jehová es puro, que alumbra los ojos.

SALMOS 19:8

Día 162

Las presiones y el estrés
Devocional en pág. 722

....
....
....
....
....

Lee la Biblia en un año: **Salmos 22–28**

Peticiones *de oración*

Señor, hoy *te pido…*

....
....
....
....

Diario *de gratitud*

Señor, hoy *te doy gracias por…*

1. ....
2. ....
3. ....

Pensamiento clave para hoy:

Jehová es mi pastor; nada me faltará.

SALMOS 23:1

Día 163
Revisa tu agenda
Devocional en pág. 726

....
....
....
....
....
....

Lee la Biblia en un año: **Salmos 29–34**

Peticiones *de oración*

Señor, hoy *te pido…*

....
....
....
....

Diario *de gratitud*

Señor, hoy *te doy gracias por…*

1. ....
2. ....
3. ....

Pensamiento clave para hoy:

Tu fe se nutre y se fortalece cuando dedicas minutos a la lectura de la Biblia y la oración.

Día 164

Palabras amables
Devocional en pág. 731

Lee la Biblia en un año: **Salmos 35–39**

Peticiones de oración

Señor, hoy *te pido…*

Diario de gratitud

Señor, hoy *te doy gracias por…*

1.
2.
3.

Pensamiento clave para hoy:

Para no pecar con mi lengua; guardaré mi boca con freno.

SALMOS 39:1

Día 165
Una cita importante
Devocional en pág. 735

Lee la Biblia en un año: **Salmos 40–44**

Peticiones *de oración*

Señor, hoy *te pido...*

Diario *de gratitud*

Señor, hoy *te doy gracias por...*

1.
2.
3.

Pensamiento clave para hoy:

*Como el ciervo brama por las corrientes de las aguas,
Así clama por ti, oh Dios, el alma mía.*

SALMOS 42:1

Día 166
Me infunde paz
Devocional en pág. 740

Lee la Biblia en un año: **Salmos 45–50**

Peticiones *de oración*

Señor, hoy te pido…

Diario *de gratitud*

Señor, hoy te doy gracias por…
1.
2.
3.

Pensamiento clave para hoy:

Estad quietos, y conoced que yo soy Dios; seré exaltado entre las naciones; enaltecido seré en la tierra.

SALMOS 46:10

Día 167

Nadie hace lo bueno
Devocional en pág. 744

Lee la Biblia en un año: **Salmos 51–56**

Peticiones *de oración*

Señor, hoy *te pido…*

Diario *de gratitud*

Señor, hoy *te doy gracias por…*

1.
2.
3.

Pensamiento clave para hoy:

¡Una mujer que está total y completamente consagrada a Dios logrará cosas asombrosas!

Día 168
Pon el despertador
Devocional en pág. 747

Lee la Biblia en un año: **Salmos 57–63**

Peticiones *de oración*

Señor, hoy *te pido…*

Diario *de gratitud*

Señor, hoy *te doy gracias por…*

1.
2.
3.

Pensamiento clave para hoy:

Dios, Dios mío eres tú; de madrugada te buscaré.

SALMOS 63:1

Día 169
Oración deliberada
Devocional en pág. 752

Lee la Biblia en un año: Salmos 64–69

Peticiones *de oración*

Señor, hoy *te pido…*

Diario *de gratitud*

Señor, hoy *te doy gracias por…*

1.
2.
3.

Pensamiento clave para hoy:

*Mas ciertamente me escuchó Dios;
atendió a la voz de mi súplica.*

SALMOS 66:19

Día 170

Queda mucho trabajo por hacer
Devocional en pág. 757

Lee la Biblia en un año: **Salmos 70–74**

Peticiones *de oración*

Señor, hoy *te pido…*

Diario *de gratitud*

Señor, hoy *te doy gracias por…*

1.
2.
3.

Pensamiento clave para hoy:

*Aun en la vejez y las canas, oh Dios, no me desampares,
hasta que anuncie tu poder a la posteridad, y tu potencia
a todos los que han de venir.*

SALMOS 71:18

Día 171
Cuando estás herida
Devocional en pág. 763

Lee la Biblia en un año: **Salmos 75–78**

Peticiones *de oración*

Señor, hoy *te pido…*

Diario *de gratitud*

Señor, hoy *te doy gracias por…*

1.
2.
3.

Pensamiento clave para hoy:

¿Ha olvidado Dios el tener misericordia?
¿Ha encerrado con ira sus piedades?

SALMOS 77:9

Día 172

No lo necesitas
Devocional en pág. 767

Lee la Biblia en un año: **Salmos 79–85**

Peticiones *de oración*

Señor, hoy *te pido…*

Diario *de gratitud*

Señor, hoy *te doy gracias por…*

1.
2.
3.

Pensamiento clave para hoy:

Porque sol y escudo es Jehová Dios; gracia y gloria dará Jehová. No quitará el bien a los que andan en integridad.

SALMOS 84:11

Día 173
Tus prioridades se notan
Devocional en pág. 772

Lee la Biblia en un año: Salmos 86–90

Peticiones *de oración*

Señor, hoy *te pido…*

Diario *de gratitud*

Señor, hoy *te doy gracias por…*

1.
2.
3.

Pensamiento clave para hoy:

Enséñanos de tal modo a contar nuestros días, que traigamos al corazón sabiduría.

SALMOS 90:12

Día 174

A cada paso y con cada respiro
Devocional en pág. 775

Lee la Biblia en un año: **Salmos 91–98**

Peticiones *de oración*

Señor, hoy *te pido…*

Diario *de gratitud*

Señor, hoy *te doy gracias por…*

1.
2.
3.

Pensamiento clave para hoy:

Porque grande es Jehová, y digno de suprema alabanza; temible sobre todos los dioses.

SALMOS 96:4

Día 175
Da gracias en todo
Devocional en pág. 780

··
··
··
··
··
··

Lee la Biblia en un año: **Salmos 99–104**

Peticiones *de oración*

Señor, hoy *te pido…*

··
··
··
··

Diario *de gratitud*

Señor, hoy *te doy gracias por…*

1. ···
2. ···
3. ···

Pensamiento clave para hoy:

*Bendice, alma mía, a Jehová,
y no olvides ninguno de sus beneficios.*

SALMOS 103:2

Día 176
Sacrificio de alabanza
Devocional en pág. 784

Lee la Biblia en un año: Salmos 105–107

Peticiones *de oración*

Señor, hoy *te pido*…

Diario *de gratitud*

Señor, hoy *te doy gracias por*…

1.
2.
3.

Pensamiento clave para hoy:

*Alabad a Jehová, porque él es bueno;
porque para siempre es su misericordia.*

SALMOS 107:1

Día 177
Necesitamos esperanza
Devocional en pág. 789

....
....
....
....
....
....

Lee la Biblia en un año: **Salmos 108–113**

Peticiones *de oración*

Señor, hoy *te pido…*

....
....
....
....

Diario *de gratitud*

Señor, hoy *te doy gracias por…*

1. ....
2. ....
3. ....

Pensamiento clave para hoy:

*Porque Jehová es bueno; para siempre es su misericordia,
y su verdad por todas las generaciones.*

SALMOS 100:5

Día 178

Un día a la vez
Devocional en pág. 793

Lee la Biblia en un año: **Salmos 114–118**

Peticiones *de oración*

Señor, hoy *te pido…*

Diario *de gratitud*

Señor, hoy *te doy gracias por…*

1.
2.
3.

Pensamiento clave para hoy:

Este es el día que hizo Jehová; nos gozaremos y alegraremos en él.

SALMOS 118:24

Día 179

La mujer ocupada
Devocional en pág. 796

Lee la Biblia en un año: **Salmo 119**

Peticiones *de oración*

Señor, hoy *te pido…*

Diario *de gratitud*

Señor, hoy *te doy gracias por…*

1.
2.
3.

Pensamiento clave para hoy:

Abre mis ojos, y miraré las maravillas de tu ley.

SALMOS 119:18

Día 180
El alma del hogar
Devocional en pág. 803

Lee la Biblia en un año: **Salmos 120–134**

Peticiones *de oración*

Señor, hoy *te pido…*

Diario *de gratitud*

Señor, hoy *te doy gracias por…*

1.
2.
3.

Pensamiento clave para hoy:

Tu mujer será como vid que lleva fruto a los lados de tu casa; tus hijos como plantas de olivo alrededor de tu mesa.

SALMOS 128:3

Día 181

Un síntoma en común
Devocional en pág. 807

Lee la Biblia en un año: **Salmos 135–142**

Peticiones *de oración*

Señor, hoy *te pido…*

Diario *de gratitud*

Señor, hoy *te doy gracias por…*

1.
2.
3.

Pensamiento clave para hoy:

¿A dónde me iré de tu Espíritu?
¿Y a dónde huiré de tu presencia?

SALMOS 139:7

Día 182
Dios está a tu lado
Devocional en pág. 812

Lee la Biblia en un año: **Salmos 143–150**

Peticiones *de oración*

Señor, hoy *te pido…*

Diario *de gratitud*

Señor, hoy *te doy gracias por…*

1.
2.
3.

Pensamiento clave para hoy:

Él sana a los quebrantados de corazón, y venda sus heridas.

SALMOS 147:3

Día 183
Él endereza tus veredas
Devocional en pág. 818

....
....
....
....
....
....
....

Lee la Biblia en un año: **Proverbios 1–3**

Peticiones *de oración*

Señor, hoy *te pido…*

....
....
....
....

Diario *de gratitud*

Señor, hoy *te doy gracias por…*

1. ....
2. ....
3. ....

Pensamiento clave para hoy:

*Reconócelo en todos tus caminos,
y él enderezará tus veredas.*

PROVERBIOS 3:6

Día 184

La mujer que sueñas ser
Devocional en pág. 822

Lee la Biblia en un año: **Proverbios 4–7**

Peticiones *de oración*

Señor, hoy *te pido…*

Diario *de gratitud*

Señor, hoy *te doy gracias por…*

1.
2.
3.

Pensamiento clave para hoy:

Sobre toda cosa guardada, guarda tu corazón; porque de él mana la vida.

PROVERBIOS 4:23

Día 185

Alza tu voz
Devocional en pág. 826

Lee la Biblia en un año: **Proverbios 8–11**

Peticiones *de oración*

Señor, hoy *te pido…*

Diario *de gratitud*

Señor, hoy *te doy gracias por…*

1.
2.
3.

Pensamiento clave para hoy:

Crece en disciplina y ocuparás lugares de influencia, para la gloria de Dios.

Día 186

Edifica tu casa
Devocional en pág. 830

Lee la Biblia en un año: **Proverbios 12–15**

Peticiones *de oración*

Señor, hoy te pido…

Diario *de gratitud*

Señor, hoy te doy gracias por…

1.
2.
3.

Pensamiento clave para hoy:

*La mujer sabia edifica su casa;
mas la necia con sus manos la derriba.*

PROVERBIOS 14:1

Día 187
Mejores amigas
Devocional en pág. 834

Lee la Biblia en un año: Proverbios 16–18

Peticiones *de oración*

Señor, hoy *te pido…*

Diario *de gratitud*

Señor, hoy *te doy gracias por…*

1.
2.
3.

Pensamiento clave para hoy:

*El que cubre la falta busca amistad;
mas el que la divulga, aparta al amigo.*

PROVERBIOS 17:9

Día 188

La sabiduría espera
Devocional en pág. 837

Lee la Biblia en un año: **Proverbios 19–21**

Peticiones *de oración*

Señor, hoy *te pido…*

Diario *de gratitud*

Señor, hoy *te doy gracias por…*

1.
2.
3.

Pensamiento clave para hoy:

Y aquel que se apresura con los pies, peca.

PROVERBIOS 19:2B

Día 189
Tal como la mujer piensa
Devocional en pág. 841

Lee la Biblia en un año: **Proverbios 22–24**

Peticiones *de oración*

Señor, hoy *te pido…*

Diario *de gratitud*

Señor, hoy *te doy gracias por…*

1.
2.
3.

Pensamiento clave para hoy:

En momentos de depresión y prueba, llena tu corazón con la verdad de la Palabra. Decide amar a Dios con toda tu mente.

Día 190
Sigue adelante confiadamente
Devocional en pág. 845

....
....
....
....
....
....

Lee la Biblia en un año: **Proverbios 25–28**

Peticiones *de oración*

Señor, hoy *te pido…*
....
....
....
....

Diario *de gratitud*

Señor, hoy *te doy gracias por…*

1. ....
2. ....
3. ....

Pensamiento clave para hoy:

Huye el impío sin que nadie lo persiga; mas el justo está confiado como un león.

PROVERBIOS 28:1

Día 191

Me entrego a ti
Devocional en pág. 849

....
....
....
....
....

Lee la Biblia en un año: Proverbios 29–31

Peticiones *de oración*

Señor, hoy *te pido…*

....
....
....
....

Diario *de gratitud*

Señor, hoy *te doy gracias por…*

1. ....
2. ....
3. ....

Pensamiento clave para hoy:

Engañosa es la gracia, y vana la hermosura; la mujer que teme a Jehová, esa será alabada.

PROVERBIOS 31:30

Día 192

Una nueva etapa
Devocional en pág. 858

Lee la Biblia en un año: **Eclesiastés 1–4**

Peticiones de oración

Señor, hoy *te pido…*

Diario de gratitud

Señor, hoy *te doy gracias por…*

1.
2.
3.

Pensamiento clave para hoy:

*Todo tiene su tiempo,
y todo lo que se quiere debajo del cielo tiene su hora.*

ECLESIASTÉS 3:1

Día 193

Habla… pero no siempre
Devocional en pág. 861

....
....
....
....
....
....
....

Lee la Biblia en un año: **Eclesiastés 5–8**

Peticiones *de oración*

Señor, hoy *te pido…*

....
....
....
....

Diario *de gratitud*

Señor, hoy *te doy gracias por…*

1. ....
2. ....
3. ....

Pensamiento clave para hoy:

Porque Dios está en el cielo, y tú sobre la tierra; por tanto, sean pocas tus palabras.

ECLESIASTÉS 5:2

Día 194
Del temor al gozo
Devocional en pág. 865

Lee la Biblia en un año: **Eclesiastés 9–12**

Peticiones *de oración*

Señor, hoy te pido…

Diario *de gratitud*

Señor, hoy te doy gracias por…
1.
2.
3.

Pensamiento clave para hoy:

Todo lo que te viniere a la mano para hacer, hazlo según tus fuerzas.

ECLESIASTÉS 9:10A

Día 195
Cultiva tu matrimonio
Devocional en pág. 871

....
....
....
....
....
....

Lee la Biblia en un año: **Cantares 1–4**

Peticiones *de oración*

Señor, hoy *te pido…*

....
....
....
....

Diario *de gratitud*

Señor, hoy *te doy gracias por…*

1. ....
2. ....
3. ....

Pensamiento clave para hoy:

Las casadas estén sujetas a sus propios maridos, como al Señor.

EFESIOS 5:22

Día 196

Tu esposo debe ser tu mejor amigo
Devocional en pág. 875

Lee la Biblia en un año: **Cantares 5–8**

Peticiones *de oración*

Señor, hoy *te pido…*

Diario *de gratitud*

Señor, hoy *te doy gracias por…*

1.
2.
3.

Pensamiento clave para hoy:

*Tu esposo fue tu mejor amigo en algún momento,
¡y puede volver a serlo!*

Día 197

El poder de la generosidad
Devocional en pág. 880

....
....
....
....
....
....

Lee la Biblia en un año: **Isaías 1–4**

Peticiones *de oración*

Señor, hoy *te pido…*

....
....
....
....

Diario *de gratitud*

Señor, hoy *te doy gracias por…*

1. ....
2. ....
3. ....

Pensamiento clave para hoy:

Aprended a hacer el bien; buscad el juicio, restituid al agraviado, haced justicia al huérfano, amparad a la viuda.

ISAÍAS 1:17

Día 198

Lo primero es lo primero

Devocional en pág. 884

Lee la Biblia en un año: Isaías 5–8

Peticiones *de oración*

Señor, hoy *te pido…*

Diario *de gratitud*

Señor, hoy *te doy gracias por…*

1.
2.
3.

Pensamiento clave para hoy:

No importa qué tan ocupada estás ni qué tan llena esté tu agenda, "lo primero es lo primero". Haz de la Palabra de Dios tu prioridad.

Día 199

Sorpréndete
Devocional en pág. 887

Lee la Biblia en un año: Isaías 9–12

Peticiones *de oración*

Señor, hoy *te pido…*

Diario *de gratitud*

Señor, hoy *te doy gracias por…*

1.
2.
3.

Pensamiento clave para hoy:

Haz el "sacrificio" de confiar y así podrás experimentar la paz y la confianza de Dios.

Día 200

¿Qué es el pecado?
Devocional en pág. 891

Lee la Biblia en un año: Isaías 13–15

Peticiones *de oración*

Señor, hoy *te pido…*

Diario *de gratitud*

Señor, hoy *te doy gracias por…*

1.
2.
3.

Pensamiento clave para hoy:

Si queremos crecer espiritualmente como Dios quiere, debemos tratar con el pecado.

Día 201
No te quedes en los detalles
Devocional en pág. 894

....
....
....
....
....
....
....

Lee la Biblia en un año: **Isaías 16–20**

Peticiones *de oración*

Señor, hoy *te pido…*

....
....
....
....

Diario *de gratitud*

Señor, hoy *te doy gracias por…*

1. ....
2. ....
3. ....

Pensamiento clave para hoy:

Lo más importante en la vida cristiana es conocer a Dios y entregarle, sin condiciones, nuestra alma y nuestro corazón.

Día 202

Aprende a contentarte
Devocional en pág. 897

Lee la Biblia en un año: **Isaías 21–24**

Peticiones *de oración*

Señor, hoy *te pido*…

Diario *de gratitud*

Señor, hoy *te doy gracias por*…

1.
2.
3.

Pensamiento clave para hoy:

El contentamiento no se basa en las circunstancias ni sucede de manera automática. Como hija de Dios ya tienes todas las verdaderas riquezas del cielo.

Día 203
Calma en medio del caos
Devocional en pág. 900

....
....
....
....
....
....

Lee la Biblia en un año: **Isaías 25–28**

Peticiones *de oración*

Señor, hoy *te pido…*

....
....
....
....

Diario *de gratitud*

Señor, hoy *te doy gracias por…*

1. ....
2. ....
3. ....

Pensamiento clave para hoy:

*Jehová, tú eres mi Dios; te exaltaré, alabaré tu nombre,
porque has hecho maravillas;
tus consejos antiguos son verdad y firmeza.*

ISAÍAS 25:1

Día 204

Sigue navegando
Devocional en pág. 903

Lee la Biblia en un año: **Isaías 29–32**

Peticiones *de oración*

Señor, hoy *te pido…*

Diario *de gratitud*

Señor, hoy *te doy gracias por…*

1.
2.
3.

Pensamiento clave para hoy:

Cuando tu objetivo es ser una verdadera mujer que honra a Dios, Él guía tus pasos y te da fuerzas para servirlo.

Día 205
Un lugar de refugio
Devocional en pág. 907

Lee la Biblia en un año: **Isaías 33–36**

Peticiones *de oración*

Señor, hoy *te pido…*

Diario *de gratitud*

Señor, hoy *te doy gracias por…*

1.
2.
3.

Pensamiento clave para hoy:

*Tu hogar debería ser
un lugar de refrigerio, un lugar de sanidad
y un lugar de refugio.*

Día 206
Una mujer incansable
Devocional en pág. 910

Lee la Biblia en un año: **Isaías 37–40**

Peticiones *de oración*

Señor, hoy *te pido…*

Diario *de gratitud*

Señor, hoy *te doy gracias por…*

1.
2.
3.

Pensamiento clave para hoy:

Pero los que esperan a Jehová tendrán nuevas fuerzas; levantarán alas como las águilas; correrán, y no se cansarán; caminarán, y no se fatigarán.

ISAÍAS 40:31

Día 207
Cuando tu corazón se llena de temor
Devocional en pág. 915

Lee la Biblia en un año: **Isaías 41–43**

Peticiones *de oración*

Señor, hoy *te pido…*

Diario *de gratitud*

Señor, hoy *te doy gracias por…*

1.
2.
3.

Pensamiento clave para hoy:

No temas, porque yo estoy contigo; no desmayes, porque yo soy tu Dios que te esfuerzo; siempre te ayudaré, siempre te sustentaré con la diestra de mi justicia.

ISAÍAS 41:10

Día 208

Inescrutables son sus caminos
Devocional en pág. 918

Lee la Biblia en un año: Isaías 44–46

Peticiones de oración

Señor, hoy *te pido…*

Diario de gratitud

Señor, hoy *te doy gracias por…*

1.
2.
3.

Pensamiento clave para hoy:
Si todo está en las manos de Dios, todo estará bien.

Día 209
No hay lugar para el error
Devocional en pág. 921

Lee la Biblia en un año: **Isaías 47–49**

Peticiones *de oración*

Señor, hoy *te pido…*

Diario *de gratitud*

Señor, hoy *te doy gracias por…*

1.
2.
3.

Pensamiento clave para hoy:

Yo nunca me olvidaré de ti. He aquí que en las palmas de las manos te tengo esculpida.

ISAÍAS 49:15B-16A

Día 210
No seas calumniadora
Devocional en pág. 923

Lee la Biblia en un año: **Isaías 50–52**

Peticiones *de oración*

Señor, hoy *te pido…*

Diario *de gratitud*

Señor, hoy *te doy gracias por…*

1.
2.
3.

Pensamiento clave para hoy:

Usa tu boca para glorificar a Dios y edificar a otros.

Día 211

Aceptación y obediencia
Devocional en pág. 926

....
....
....
....
....
....

Lee la Biblia en un año: **Isaías 53–56**

Peticiones *de oración*

Señor, hoy *te pido…*

....
....
....
....

Diario *de gratitud*

Señor, hoy *te doy gracias por…*

1. ....
2. ....
3. ....

Pensamiento clave para hoy:

Porque mis pensamientos no son vuestros pensamientos, ni vuestros caminos mis caminos, dijo Jehová.

ISAÍAS 55:8

Día 212
Deléitate en el Señor
Devocional en pág. 929

Lee la Biblia en un año: **Isaías 57–60**

Peticiones *de oración*

Señor, hoy *te pido…*

Diario *de gratitud*

Señor, hoy *te doy gracias por…*

1.
2.
3.

Pensamiento clave para hoy:

*Deléitate asimismo en Jehová,
y él te concederá las peticiones de tu corazón.*

SALMOS 37:4

Día 213
Una vida de buenas obras
Devocional en pág. 932

....
....
....
....
....
....

Lee la Biblia en un año: **Isaías 61–63**

Peticiones *de oración*

Señor, hoy *te pido…*

....
....
....
....

Diario *de gratitud*

Señor, hoy *te doy gracias por…*

1. ....
2. ....
3. ....

Pensamiento clave para hoy:

*Aprende a enfocar tu vida en los demás,
como una mujer que anuncia las buenas nuevas y ayuda
a los quebrantados de corazón.*

Día 214

El verdadero gozo
Devocional en pág. 934

Lee la Biblia en un año: **Isaías 64–66**

Peticiones *de oración*

Señor, hoy *te pido…*

Diario *de gratitud*

Señor, hoy *te doy gracias por…*

1.
2.
3.

Pensamiento clave para hoy:

Mas os gozaréis y os alegraréis para siempre en las cosas que yo he creado.

ISAÍAS 65:18A

Día 215
Una obra incompleta
Devocional en pág. 940

Lee la Biblia en un año: **Jeremías 1–3**

Peticiones *de oración*

Señor, hoy *te pido…*

Diario *de gratitud*

Señor, hoy *te doy gracias por…*

1.
2.
3.

Pensamiento clave para hoy:

*Somos una obra perfecta en Cristo.
Transmite este mensaje a tu familia y aprende
a ver a cada uno como una obra incompleta.*

Día 216
Un camino mejor
Devocional en pág. 944

Lee la Biblia en un año: **Jeremías 4–6**

Peticiones *de oración*

Señor, hoy *te pido…*

Diario *de gratitud*

Señor, hoy *te doy gracias por…*
1.
2.
3.

Pensamiento clave para hoy:

Así dijo Jehová: Paraos en los caminos, y mirad, y preguntad por las sendas antiguas, cuál sea el buen camino, y andad por él, y hallaréis descanso para vuestra alma.

JEREMÍAS 6:16

Día 217

Alguien que te levante
Devocional en pág. 948

....
....
....
....
....
....

Lee la Biblia en un año: **Jeremías 7–9**

Peticiones *de oración*

Señor, hoy *te pido…*

....
....
....
....

Diario *de gratitud*

Señor, hoy *te doy gracias por…*

1. ....
2. ....
3. ....

Pensamiento clave para hoy:

Conviene que tus amistades reflejen tu amor y compromiso con Dios.

Día 218

Desconfiada y escéptica
Devocional en pág. 951

Lee la Biblia en un año: **Jeremías 10–12**

Peticiones *de oración*

Señor, hoy *te pido…*

Diario *de gratitud*

Señor, hoy *te doy gracias por…*

1.
2.
3.

Pensamiento clave para hoy:

Oíd mi voz, y cumplid mis palabras, conforme a todo lo que os mando; y me seréis por pueblo, y yo seré a vosotros por Dios.

JEREMÍAS 11:4B

Día 219

Gozo y alegría
Devocional en pág. 954

Lee la Biblia en un año: **Jeremías 13–15**

Peticiones *de oración*

Señor, hoy *te pido…*

Diario *de gratitud*

Señor, hoy *te doy gracias por…*

1.
2.
3.

Pensamiento clave para hoy:

*Y tu palabra me fue por gozo y por alegría de mi corazón;
porque tu nombre se invocó sobre mí,
oh Jehová Dios de los ejércitos.*

JEREMÍAS 15:16B

Día 220

Abre tu corazón
Devocional en pág. 957

Lee la Biblia en un año: Jeremías 16–19

Peticiones *de oración*

Señor, hoy *te pido…*

Diario *de gratitud*

Señor, hoy *te doy gracias por…*

1.
2.
3.

Pensamiento clave para hoy:
Necesitas con urgencia un corazón tierno y flexible, dispuesto a escuchar lo que Dios te quiere decir.

Día 221

La respuesta a los problemas
Devocional en pág. 962

Lee la Biblia en un año: **Jeremías 20–22**

Peticiones *de oración*

Señor, hoy *te pido…*

Diario *de gratitud*

Señor, hoy *te doy gracias por…*

1.
2.
3.

Pensamiento clave para hoy:

Mas Jehová está conmigo como poderoso gigante.

JEREMÍAS 20:11A

Día 222
Ladrones de tiempo
Devocional en pág. 965

Lee la Biblia en un año: **Jeremías 23–25**

Peticiones *de oración*

Señor, hoy *te pido…*

Diario *de gratitud*

Señor, hoy *te doy gracias por…*

1.
2.
3.

Pensamiento clave para hoy:

¿Qué ladrones de tiempo hay en tu vida? Haz una lista. Luego decide a qué ladrones de tiempo enfrentarás esta semana.

Día 223

¿Una fracasada?
Devocional en pág. 969

Lee la Biblia en un año: **Jeremías 26–29**

Peticiones *de oración*

Señor, hoy *te pido…*

Diario *de gratitud*

Señor, hoy *te doy gracias por…*

1.
2.
3.

Pensamiento clave para hoy:

Porque yo sé los pensamientos que tengo acerca de vosotros, dice Jehová, pensamientos de paz, y no de mal, para daros el fin que esperáis.

JEREMÍAS 29:11

Día 224

¡No eres la única!
Devocional en pág. 973

Lee la Biblia en un año: **Jeremías 30–31**

Peticiones *de oración*

Señor, hoy *te pido…*

Diario *de gratitud*

Señor, hoy *te doy gracias por…*

1.
2.
3.

Pensamiento clave para hoy:

Reconoce tu pecado delante de Dios, recibe su limpieza y su perdón, y luego, con gozo renovado, sirve a Dios y ámalo con todo tu corazón.

Día 225

Ora por las personas que amas
Devocional en pág. 977

....
....
....
....
....
....
....

Lee la Biblia en un año: **Jeremías 32–34**

Peticiones *de oración*

Señor, hoy *te pido…*

....
....
....
....

Diario *de gratitud*

Señor, hoy *te doy gracias por…*

1. ....
2. ....
3. ....

Pensamiento clave para hoy:

¡Oh Señor Jehová! he aquí que tú hiciste el cielo y la tierra con tu gran poder, y con tu brazo extendido, ni hay nada que sea difícil para ti.

JEREMÍAS 32:17

Día 226

Cuando no estás segura

Devocional en pág. 980

Lee la Biblia en un año: **Jeremías 35–37**

Peticiones de oración

Señor, hoy *te pido…*

Diario de gratitud

Señor, hoy *te doy gracias por…*

1.
2.
3.

Pensamiento clave para hoy:

Cuando no estés segura de qué hacer, primero ora a Dios y pídele que te dé sabiduría y te guíe.

Día 227

Dios suplirá
Devocional en pág. 984

....
....
....
....
....
....

Lee la Biblia en un año: **Jeremías 38–40**

Peticiones *de oración*

Señor, hoy *te pido…*

....
....
....
....

Diario *de gratitud*

Señor, hoy *te doy gracias por…*

1. ....
2. ....
3. ....

Pensamiento clave para hoy:

Mi Dios, pues, suplirá todo lo que os falta conforme a sus riquezas en gloria en Cristo Jesús.

FILIPENSES 4:19

Día 228

La oración es un privilegio
Devocional en pág. 987

Lee la Biblia en un año: **Jeremías 41–44**

Peticiones *de oración*

Señor, hoy *te pido…*

Diario *de gratitud*

Señor, hoy *te doy gracias por…*

1.
2.
3.

Pensamiento clave para hoy:

*Dios siempre está dispuesto a escucharte,
y siempre está a tu lado.*

Día 229
Dios hace la obra completa
Devocional en pág. 990

Lee la Biblia en un año: **Jeremías 45–48**

Peticiones *de oración*

Señor, hoy *te pido…*

Diario *de gratitud*

Señor, hoy *te doy gracias por…*

1.
2.
3.

Pensamiento clave para hoy:

No temas, dice Jehová, porque yo estoy contigo.

JEREMÍAS 46:28A

Día 230
La fortaleza del Señor
Devocional en pág. 994

Lee la Biblia en un año: **Jeremías 49–50**

Peticiones *de oración*

Señor, hoy *te pido…*

Diario *de gratitud*

Señor, hoy *te doy gracias por…*

1.
2.
3.

Pensamiento clave para hoy:

Porque un momento será su ira, pero su favor dura toda la vida. Por la noche durará el lloro, y a la mañana vendrá la alegría.

SALMOS 30:5

Día 231
Cuando la vida no es color de rosa
Devocional en pág. 998

Lee la Biblia en un año: **Jeremías 51–52**

Peticiones *de oración*

Señor, hoy *te pido…*

Diario *de gratitud*

Señor, hoy *te doy gracias por…*

1.
2.
3.

Pensamiento clave para hoy:

Persevera en amar al Señor y cumplir sus propósitos sin importar cuán indeseables o inesperadas sean tus circunstancias.

Día 232
La prueba de la fe
Devocional en pág. 1005

Lee la Biblia en un año: **Lamentaciones 1–2**

Peticiones *de oración*

Señor, hoy *te pido…*

Diario *de gratitud*

Señor, hoy *te doy gracias por…*

1.
2.
3.

Pensamiento clave para hoy:

Hermanos míos, tened por sumo gozo cuando os halléis en diversas pruebas, sabiendo que la prueba de vuestra fe produce paciencia.

SANTIAGO 1:2-3

Día 233
El tiempo de Dios
Devocional en pág. 1009

Lee la Biblia en un año: **Lamentaciones 3–5**

Peticiones *de oración*

Señor, hoy *te pido…*

Diario *de gratitud*

Señor, hoy *te doy gracias por…*

1.
2.
3.

Pensamiento clave para hoy:

*Bueno es Jehová a los que en él esperan,
al alma que le busca.*

LAMENTACIONES 3:25

Día 234

Alguien que "haya pasado por lo mismo"
Devocional en pág. 1015

Lee la Biblia en un año: **Ezequiel 1–4**

Peticiones *de oración*

Señor, hoy *te pido…*

Diario *de gratitud*

Señor, hoy *te doy gracias por…*

1.
2.
3.

Pensamiento clave para hoy:

Enseñar y aconsejar a mujeres más jóvenes es uno de los llamados supremos de Dios para tu vida. Es un privilegio.

Día 235
El regalo de un nuevo día
Devocional en pág. 1018

Lee la Biblia en un año: **Ezequiel 5–8**

Peticiones *de oración*

Señor, hoy *te pido…*

Diario *de gratitud*

Señor, hoy *te doy gracias por…*

1.
2.
3.

Pensamiento clave para hoy:

*Te pido que no cedas a las presiones del mundo,
sino que mantengas tu corazón en el Señor.
Puedes ganar la batalla, terminar la carrera, ¡un día a la vez!*

Día 236

Olvida el pasado
Devocional en pág. 1022

Lee la Biblia en un año: **Ezequiel 9–12**

Peticiones *de oración*

Señor, hoy *te pido…*

Diario *de gratitud*

Señor, hoy *te doy gracias por…*

1.
2.
3.

Pensamiento clave para hoy:

Y les daré un corazón, y un espíritu nuevo pondré dentro de ellos; y quitaré el corazón de piedra de en medio de su carne, y les daré un corazón de carne.

EZEQUIEL 11:19

Día 237

Desecha toda malicia
Devocional en pág. 1026

Lee la Biblia en un año: **Ezequiel 13–15**

Peticiones *de oración*

Señor, hoy *te pido…*

Diario *de gratitud*

Señor, hoy *te doy gracias por…*

1.
2.
3.

Pensamiento clave para hoy:

Muestra tu amor por Dios amando a otros.

Día 238

Practica la bondad
Devocional en pág. 1028

Lee la Biblia en un año: **Ezequiel 16–17**

Peticiones *de oración*

Señor, hoy *te pido…*

Diario *de gratitud*

Señor, hoy *te doy gracias por…*

1.
2.
3.

Pensamiento clave para hoy:

*El oído que oye, y el ojo que ve,
ambas cosas igualmente ha hecho Jehová.*

PROVERBIOS 20:12

Día 239

Consulta la Palabra de Dios
Devocional en pág. 1032

....
....
....
....
....
....

Lee la Biblia en un año: **Ezequiel 18–20**

Peticiones *de oración*

Señor, hoy *te pido…*

....
....
....
....

Diario *de gratitud*

Señor, hoy *te doy gracias por…*

1. ....
2. ....
3. ....

Pensamiento clave para hoy:

Yo soy Jehová vuestro Dios; andad en mis estatutos, y guardad mis preceptos, y ponedlos por obra.

EZEQUIEL 20:19

Día 240

Piedras preciosas
Devocional en pág. 1037

Lee la Biblia en un año: **Ezequiel 21–23**

Peticiones *de oración*

Señor, hoy *te pido…*

Diario *de gratitud*

Señor, hoy *te doy gracias por…*

1.
2.
3.

Pensamiento clave para hoy:

Dios, el Maestro artesano, tiene tu corazón en sus manos. Él conoce tu anhelo de ser una mujer totalmente entregada a Él. Conoce tu profundo deseo de ser como una joya preciosa.

Día 241
Cuatro preguntas que transformarán tu vida
Devocional en pág. 1041

....
....
....
....
....
....
....

Lee la Biblia en un año: **Ezequiel 24–26**

Peticiones *de oración*

Señor, hoy *te pido…*

....
....
....
....

Diario *de gratitud*

Señor, hoy *te doy gracias por…*

1. ....
2. ....
3. ....

Pensamiento clave para hoy:

¿Quién soy? ¿De dónde vengo? ¿Por qué estoy aquí? ¿A dónde voy? Tus respuestas a estas preguntas transformarán tu vida.

Día 242
La firmeza de Dios
Devocional en pág. 1044

Lee la Biblia en un año: **Ezequiel 27–29**

Peticiones *de oración*

Señor, hoy *te pido…*

Diario *de gratitud*

Señor, hoy *te doy gracias por…*

1.
2.
3.

Pensamiento clave para hoy:

Estad quietos, y conoced que yo soy Dios.
SALMOS 46:10

Día 243

Templanza de carácter
Devocional en pág. 1047

Lee la Biblia en un año: **Ezequiel 30–31**

Peticiones *de oración*

Señor, hoy *te pido…*

Diario *de gratitud*

Señor, hoy *te doy gracias por…*

1.
2.
3.

Pensamiento clave para hoy:

Debemos controlar nuestro orgullo y nuestra arrogancia, porque estorban nuestro esfuerzo por ser mujeres piadosas. Y, sobre todo, porque Dios aborrece el orgullo.

Día 244

Una obra maestra
Devocional en pág. 1050

Lee la Biblia en un año: **Ezequiel 32–33**

Peticiones *de oración*

Señor, hoy *te pido…*

Diario *de gratitud*

Señor, hoy *te doy gracias por…*

1.
2.
3.

Pensamiento clave para hoy:

*Planificar el día es una necesidad. Es un espejo de tu vida.
Una herramienta para el perfeccionamiento.
Y una "vara" para medir los logros.*

Día 245

El diseño perfecto de Dios
Devocional en pág. 1053

Lee la Biblia en un año: Ezequiel 34–36

Peticiones *de oración*

Señor, hoy *te pido…*

Diario *de gratitud*

Señor, hoy *te doy gracias por…*

1.
2.
3.

Pensamiento clave para hoy:

Delétate en el diseño perfecto de Dios y su plan para tu vida.

Día 246

Empieza por Dios
Devocional en pág. 1056

Lee la Biblia en un año: Ezequiel 37–39

Peticiones *de oración*

Señor, hoy *te pido…*

Diario *de gratitud*

Señor, hoy *te doy gracias por…*

1.
2.
3.

Pensamiento clave para hoy:

Señor, ¿qué puedo hacer hoy para manifestar en mi vida que eres mi máxima prioridad?

Día 247

Tu cuerpo no te pertenece
Devocional en pág. 1059

_____
_____
_____
_____
_____
_____

Lee la Biblia en un año: Ezequiel 40–42

Peticiones *de oración*

Señor, hoy *te pido…*

_____
_____
_____
_____

Diario *de gratitud*

Señor, hoy *te doy gracias por…*

1. _____
2. _____
3. _____

Pensamiento clave para hoy:

¿O ignoráis que vuestro cuerpo es templo del Espíritu Santo, el cual está en vosotros, el cual tenéis de Dios, y que no sois vuestros?

1 CORINTIOS 6:19

Día 248

Gracia
Devocional en pág. 1063

Lee la Biblia en un año: **Ezequiel 43–45**

Peticiones *de oración*

Señor, hoy *te pido…*

Diario *de gratitud*

Señor, hoy *te doy gracias por…*

1.
2.
3.

Pensamiento clave para hoy:

Permite que la dulce gracia de Dios obre en tu vida y tu corazón.

Día 249
Con entusiasmo
Devocional en pág. 1067

Lee la Biblia en un año: **Ezequiel 46–48**

Peticiones *de oración*

Señor, hoy *te pido…*

Diario *de gratitud*

Señor, hoy *te doy gracias por…*

1.
2.
3.

Pensamiento clave para hoy:
*Todo lo que hagas, hazlo para el Señor,
y hazlo con entusiasmo.*

Día 250

Una conducta piadosa
Devocional en pág. 1073

Lee la Biblia en un año: **Daniel 1–2**

Peticiones *de oración*

Señor, hoy *te pido…*

Diario *de gratitud*

Señor, hoy *te doy gracias por…*

1.
2.
3.

Pensamiento clave para hoy:

*Una cosa he demandado a Jehová, esta buscaré;
que esté yo en la casa de Jehová todos los días de mi vida.*

SALMOS 27:4A

Día 251
El llamado supremo
Devocional en pág. 1075

Lee la Biblia en un año: **Daniel 3–4**

Peticiones *de oración*

Señor, hoy *te pido…*

Diario *de gratitud*

Señor, hoy *te doy gracias por…*

1.
2.
3.

Pensamiento clave para hoy:

Acércate cada día más a Dios para que su amor transforme tu corazón.

Día 252
Toma en serio la oración
Devocional en pág. 1078

Lee la Biblia en un año: **Daniel 5–6**

Peticiones *de oración*

Señor, hoy *te pido…*

Diario *de gratitud*

Señor, hoy *te doy gracias por…*

1.
2.
3.

Pensamiento clave para hoy:

La Biblia dice que la oración eficaz y ferviente de una mujer, esposa, madre, hija o abuela piadosa puede mucho .

VER SANTIAGO 5:16

Día 253
Las mejores decisiones
Devocional en pág. 1082

Lee la Biblia en un año: **Daniel 7–9**

Peticiones *de oración*

Señor, hoy *te pido…*

Diario *de gratitud*

Señor, hoy *te doy gracias por…*
1.
2.
3.

Pensamiento clave para hoy:

Cada mañana al despertar pide en oración que Dios te ayude a tomar decisiones que glorifiquen su nombre y su Palabra.

Día 254

"Palabra dicha como conviene"
Devocional en pág. 1086

....
....
....
....
....
....

Lee la Biblia en un año: **Daniel 10–12**

Peticiones *de oración*

Señor, hoy te pido…
....
....
....
....

Diario *de gratitud*

Señor, hoy te doy gracias por…

1. ....
2. ....
3. ....

Pensamiento clave para hoy:

Manzana de oro con figuras de plata es la palabra dicha como conviene.

PROVERBIOS 25:11

Día 255
Un compromiso radical
Devocional en pág. 1092

Lee la Biblia en un año: **Oseas 1–4**

Peticiones *de oración*

Señor, hoy *te pido…*

Diario *de gratitud*

Señor, hoy *te doy gracias por…*

1.
2.
3.

Pensamiento clave para hoy:
Decirle sí a Dios significa decir no a todo aquello que ofende su santidad.

Día 256

Tu primer amor
Devocional en pág. 1095

Lee la Biblia en un año: **Oseas 5–9**

Peticiones *de oración*

Señor, hoy *te pido…*

Diario *de gratitud*

Señor, hoy *te doy gracias por…*

1.
2.
3.

Pensamiento clave para hoy:

*Venid y volvamos a Jehová; porque él arrebató,
y nos curará; hirió, y nos vendará.*

OSEAS 6:1

Día 257
En el camino recto
Devocional en pág. 1098

Lee la Biblia en un año: **Oseas 10–14**

Peticiones *de oración*

Señor, hoy *te pido…*

Diario *de gratitud*

Señor, hoy *te doy gracias por…*

1.
2.
3.

Pensamiento clave para hoy:

Sembrad para vosotros en justicia, segad para vosotros en misericordia;… porque es el tiempo de buscar a Jehová, hasta que venga y os enseñe justicia.

OSEAS 10:12

Día 258

Máxima prioridad
Devocional en pág. 1104

Lee la Biblia en un año: **Joel**

Peticiones *de oración*

Señor, hoy *te pido*…

Diario *de gratitud*

Señor, hoy *te doy gracias por*…

1.
2.
3.

Pensamiento clave para hoy:

Por eso pues, ahora, dice Jehová,
convertíos a mí con todo vuestro corazón,
con ayuno y lloro y lamento.

JOEL 2:12

Día 259

Las cosas pequeñas importan
Devocional en pág. 1110

Lee la Biblia en un año: **Amós 1–4**

Peticiones *de oración*

Señor, hoy *te pido…*

Diario *de gratitud*

Señor, hoy *te doy gracias por…*

1.
2.
3.

Pensamiento clave para hoy:

Buscad lo bueno, y no lo malo, para que viváis; porque así Jehová Dios de los ejércitos estará con vosotros, como decís.

AMÓS 5:14

Día 260

Una vida disciplinada
Devocional en pág. 1113

Lee la Biblia en un año: **Amós 5–9**

Peticiones *de oración*

Señor, hoy *te pido…*

Diario *de gratitud*

Señor, hoy *te doy gracias por…*

1.
2.
3.

Pensamiento clave para hoy:

*Pero así dice Jehová a la casa de Israel:
Buscadme, y viviréis.*

AMOS 5:4

Día 261
Un hábito para toda la vida
Devocional en pág. 1124

Lee la Biblia en un año: **Abdías y Jonás**

Peticiones *de oración*

Señor, hoy *te pido…*

Diario *de gratitud*

Señor, hoy *te doy gracias por…*

1.
2.
3.

Pensamiento clave para hoy:

Decide ahora mismo apartar un tiempo cada día para estar a solas con Dios y orar.

Día 262

El contentamiento se aprende
Devocional en pág. 1131

Lee la Biblia en un año: **Miqueas 1–4**

Peticiones *de oración*

Señor, hoy te pido…

Diario *de gratitud*

Señor, hoy te doy gracias por…

1.
2.
3.

Pensamiento clave para hoy:

Necesitas contentamiento cuando tienes mucho y cuando no tienes nada.

Día 263

Hoy es el día
Devocional en pág. 1133

Lee la Biblia en un año: **Miqueas 5–7**

Peticiones *de oración*

Señor, hoy *te pido…*

Diario *de gratitud*

Señor, hoy *te doy gracias por…*

1.
2.
3.

Pensamiento clave para hoy:

Él te ha declarado lo que es bueno, y qué pide Jehová de ti: solamente hacer justicia, y amar misericordia, y humillarte ante tu Dios.

MIQUEAS 6:8

Día 264

Dios es fiel
Devocional en pág. 1138

Lee la Biblia en un año: **Nahúm**

Peticiones *de oración*

Señor, hoy te pido…

Diario *de gratitud*

Señor, hoy te doy gracias por…

1.
2.
3.

Pensamiento clave para hoy:

*Jehová es tardo para la ira
y grande en poder,*

NAHÚM 1:3A

Día 265

La paciencia de Dios es para ti
Devocional en pág. 1145

Lee la Biblia en un año: **Habacuc**

Peticiones *de oración*

Señor, hoy *te pido…*

Diario *de gratitud*

Señor, hoy *te doy gracias por…*

1.
2.
3.

Pensamiento clave para hoy:

Aguarda a Jehová; Esfuérzate, y aliéntese tu corazón; sí, espera a Jehová.

SALMOS 27:14

Día 266

Aprende a ser humilde
Devocional en pág. 1150

....
....
....
....
....
....

Lee la Biblia en un año: **Sofonías**

Peticiones *de oración*

Señor, hoy *te pido…*

....
....
....
....

Diario *de gratitud*

Señor, hoy *te doy gracias por…*

1. ....
2. ....
3. ....

Pensamiento clave para hoy:

Buscad a Jehová todos los humildes de la tierra, los que pusisteis por obra su juicio; buscad justicia, buscad mansedumbre;

SOFONÍAS 2:2

Día 267

Edifica, edifica y edifica
Devocional en pág. 1156

Lee la Biblia en un año: **Hageo**

Peticiones *de oración*

Señor, hoy *te pido…*

Diario *de gratitud*

Señor, hoy *te doy gracias por…*

1.
2.
3.

Pensamiento clave para hoy:

*Así ha dicho Jehová de los ejércitos:
Meditad sobre vuestros caminos.*

HAGEO 1:7

Día 268

Para tu bien
Devocional en pág. 1162

Lee la Biblia en un año: **Zacarías 1–4**

Peticiones *de oración*

Señor, hoy *te pido…*

Diario *de gratitud*

Señor, hoy *te doy gracias por…*

1.
2.
3.

Pensamiento clave para hoy:

*Así ha dicho Jehová de los ejércitos: Volveos a mí,
y yo me volveré a vosotros.*

VER ZACARÍAS 1:3

Día 269

Perdona y ora
Devocional en pág. 1165

Lee la Biblia en un año: **Zacarías 5–9**

Peticiones *de oración*

Señor, hoy *te pido…*

Diario *de gratitud*

Señor, hoy *te doy gracias por…*

1.
2.
3.

Pensamiento clave para hoy:

Hablad verdad cada cual con su prójimo; juzgad según la verdad y lo conducente a la paz en vuestras puertas.

ZACARÍAS 8:16

Día 270

Una mujer noble
Devocional en pág. 1169

Lee la Biblia en un año: **Zacarías 10–14**

Peticiones *de oración*

Señor, hoy *te pido…*

Diario *de gratitud*

Señor, hoy *te doy gracias por…*
1.
2.
3.

Pensamiento clave para hoy:

Sea cual sea tu trasfondo o tu crianza, esta vida consiste en vivir tu propósito auténtico como mujer piadosa.

Día 271

Piensa en esto
Devocional en pág. 1174

....
....
....
....
....
....

Lee la Biblia en un año: **Malaquías**

Peticiones *de oración*

Señor, hoy *te pido…*

....
....
....
....

Diario *de gratitud*

Señor, hoy *te doy gracias por…*

1. ....
2. ....
3. ....

Pensamiento clave para hoy:

Elige palabras justas y fidedignas y nunca des lugar a la perversidad.

Día 272

Una fe fuerte
Devocional en pág. 1181

Lee la Biblia en un año: **Mateo 1–4**

Peticiones *de oración*

Señor, hoy *te pido…*

Diario *de gratitud*

Señor, hoy *te doy gracias por…*

1.
2.
3.

Pensamiento clave para hoy:

Escrito está: No solo de pan vivirá el hombre, sino de toda palabra que sale de la boca de Dios.

MATEO 4:4

Día 273
Ama a los antipáticos
Devocional en pág. 1185

Lee la Biblia en un año: **Mateo 5–7**

Peticiones *de oración*

Señor, hoy *te pido…*

Diario *de gratitud*

Señor, hoy *te doy gracias por…*

1.
2.
3.

Pensamiento clave para hoy:

Amad a vuestros enemigos, bendecid a los que os maldicen, haced bien a los que os aborrecen, y orad por los que os ultrajan y os persiguen.

MATEO 5:44

Día 274

La obra de Dios
Devocional en pág. 1191

Lee la Biblia en un año: **Mateo 8–9**

Peticiones *de oración*

Señor, hoy *te pido…*

Diario *de gratitud*

Señor, hoy *te doy gracias por…*

1.
2.
3.

Pensamiento clave para hoy:

*Cada minuto de cada día
provee una oportunidad única para enaltecer
y compartir la Palabra de Dios.*

Día 275

Deja de fantasear
Devocional en pág. 1193

Lee la Biblia en un año: **Mateo 10–11**

Peticiones *de oración*

Señor, hoy *te pido…*

Diario *de gratitud*

Señor, hoy *te doy gracias por…*

1.
2.
3.

Pensamiento clave para hoy:

*Venid a mí todos los que estáis trabajados y cargados,
y yo os haré descansar.*

MATEO 11:28

Día 276

Ama al pecador
Devocional en pág. 1196

Lee la Biblia en un año: **Mateo 12–13**

Peticiones *de oración*

Señor, hoy *te pido…*

Diario *de gratitud*

Señor, hoy *te doy gracias por…*

1.
2.
3.

Pensamiento clave para hoy:

Porque de la abundancia del corazón habla la boca.

MATEO 12:34B

Día 277
Solo di "no"
Devocional en pág. 1200

....
....
....
....
....
....

Lee la Biblia en un año: **Mateo 14–16**

Peticiones *de oración*

Señor, hoy *te pido…*

....
....
....
....

Diario *de gratitud*

Señor, hoy *te doy gracias por…*

1. ....
2. ....
3. ....

Pensamiento clave para hoy:

Entonces Jesús dijo a sus discípulos: Si alguno quiere venir en pos de mí, niéguese a sí mismo, y tome su cruz, y sígame.

MATEO 16:24

Día 278

"Con cuidado lo que guarda el corazón"
Devocional en pág. 1206

....
....
....
....
....
....

Lee la Biblia en un año: **Mateo 17–18**

Peticiones *de oración*

Señor, hoy *te pido…*

....
....
....
....

Diario *de gratitud*

Señor, hoy *te doy gracias por…*

1. ....
2. ....
3. ....

Pensamiento clave para hoy:

*Si tu mano o tu pie te es ocasión de caer, córtalo y échalo de ti…
y si tu ojo te es ocasión de caer, sácalo y échalo de ti.*

MATEO 18:8-9

Día 279

Felices para siempre
Devocional en pág. 1208

Lee la Biblia en un año: **Mateo 19–20**

Peticiones *de oración*

Señor, hoy *te pido…*

Diario *de gratitud*

Señor, hoy *te doy gracias por…*

1.
2.
3.

Pensamiento clave para hoy:

El Hijo del Hombre no vino para ser servido, sino para servir, y para dar su vida en rescate por muchos.

MATEO 20:28

Día 280

Piensa diferente
Devocional en pág. 1213

Lee la Biblia en un año: **Mateo 21–22**

Peticiones *de oración*

Señor, hoy *te pido…*

Diario *de gratitud*

Señor, hoy *te doy gracias por…*

1.
2.
3.

Pensamiento clave para hoy:

Jesús le dijo: Amarás al Señor tu Dios con todo tu corazón, y con toda tu alma, y con toda tu mente.

MATEO 22:37

Día 281

¡Abandona esos hábitos!
Devocional en pág. 1216

....
....
....
....
....
....

Lee la Biblia en un año: **Mateo 23–24**

Peticiones *de oración*

Señor, hoy *te pido…*

....
....
....
....

Diario *de gratitud*

Señor, hoy *te doy gracias por…*

1. ....
2. ....
3. ....

Pensamiento clave para hoy:

*Limpia primero lo de dentro del vaso y del plato,
para que también lo de fuera sea limpio.*

MATEO 23:26

Día 282

Ovejas y cabras
Devocional en pág. 1220

Lee la Biblia en un año: **Mateo 25–26**

Peticiones de oración

Señor, hoy *te pido…*

Diario de gratitud

Señor, hoy *te doy gracias por…*

1.
2.
3.

Pensamiento clave para hoy:

Y serán reunidas delante de él todas las naciones; y apartará los unos de los otros, como aparta el pastor las ovejas de los cabritos.

MATEO 25:32

Día 283

¡Qué cambio!
Devocional en pág. 1225

Lee la Biblia en un año: **Mateo 27–28**

Peticiones *de oración*

Señor, hoy *te pido…*

Diario *de gratitud*

Señor, hoy *te doy gracias por…*

1.
2.
3.

Pensamiento clave para hoy:

Velad y orad, para que no entréis en tentación;
el espíritu a la verdad está dispuesto, pero la carne es débil.

MATEO 26:41

Día 284
Tiempo a solas con Dios
Devocional en pág. 1233

Lee la Biblia en un año: **Marcos 1–3**

Peticiones *de oración*

Señor, hoy *te pido…*

Diario *de gratitud*

Señor, hoy *te doy gracias por…*

1.
2.
3.

Pensamiento clave para hoy:

Cuando pasas tiempo a solas con Dios, cosecharás la recompensa y estarás preparada para enfrentar los retos del día.

Día 285
Cuídate de la codicia
Devocional en pág. 1237

Lee la Biblia en un año: **Marcos 4–5**

Peticiones *de oración*

Señor, hoy *te pido…*

Diario *de gratitud*

Señor, hoy *te doy gracias por…*
1.
2.
3.

Pensamiento clave para hoy:

Pero los afanes de este siglo, y el engaño de las riquezas, y las codicias de otras cosas, entran y ahogan la palabra, y se hace infructuosa.

MARCOS 4:19

Día 286

¿Qué está pasando?
Devocional en pág. 1246

Lee la Biblia en un año: **Marcos 6–7**

Peticiones *de oración*

Señor, hoy *te pido…*

Diario *de gratitud*

Señor, hoy *te doy gracias por…*

1.
2.
3.

Pensamiento clave para hoy:

Él les dijo: Venid vosotros aparte a un lugar desierto, y descansad un poco. Porque eran muchos los que iban y venían, de manera que ni aun tenían tiempo para comer.

MARCOS 6:31

Día 287

¡Ten valor!
Devocional en pág. 1248

Lee la Biblia en un año: **Marcos 8–9**

Peticiones *de oración*

Señor, hoy *te pido…*

Diario *de gratitud*

Señor, hoy *te doy gracias por…*

1.
2.
3.

Pensamiento clave para hoy:

Y llamando a la gente y a sus discípulos, les dijo: Si alguno quiere venir en pos de mí, niéguese a sí mismo, y tome su cruz, y sígame.

MARCOS 8:34

Día 288

Un corazón de sierva
Devocional en pág. 1252

Lee la Biblia en un año: **Marcos 10–11**

Peticiones *de oración*

Señor, hoy *te pido…*

Diario *de gratitud*

Señor, hoy *te doy gracias por…*

1.
2.
3.

Pensamiento clave para hoy:

Porque el Hijo del Hombre no vino para ser servido, sino para servir, y para dar su vida en rescate por muchos.

MARCOS 10:45

Día 289

Memoriza las Escrituras
Devocional en pág. 1255

....
....
....
....
....
....
....

Lee la Biblia en un año: **Marcos 12–13**

Peticiones *de oración*

Señor, hoy *te pido…*

....
....
....
....

Diario *de gratitud*

Señor, hoy *te doy gracias por…*

1. ....
2. ....
3. ....

Pensamiento clave para hoy:

*Y amarás al Señor tu Dios con todo tu corazón,
y con toda tu alma, y con toda tu mente y con todas tus fuerzas.
Este es el principal mandamiento.*

MARCOS 12:30

Día 290

¿Una conversación inocente?
Devocional en pág. 1259

....
....
....
....
....
....

Lee la Biblia en un año: **Marcos 14**

Peticiones *de oración*

Señor, hoy *te pido…*

....
....
....
....

Diario *de gratitud*

Señor, hoy *te doy gracias por…*

1. ....
2. ....
3. ....

Pensamiento clave para hoy:

Sean gratos los dichos de mi boca y la meditación de mi corazón delante de ti, oh Jehová, roca mía, y redentor mío.

SALMOS 19:14

Día 291
El sufrimiento
Devocional en pág. 1261

Lee la Biblia en un año: **Marcos 15–16**

Peticiones *de oración*

Señor, hoy *te pido…*

Diario *de gratitud*

Señor, hoy *te doy gracias por…*

1.
2.
3.

Pensamiento clave para hoy:

*Acude a Jesús hoy.
Recibe su amor. Acepta su consuelo.
Experimenta su gloria.*

Día 292

Un corazón para Dios
Devocional en pág. 1266

Lee la Biblia en un año: Lucas 1–2

Peticiones *de oración*

Señor, hoy *te pido…*

Diario *de gratitud*

Señor, hoy *te doy gracias por…*

1.
2.
3.

Pensamiento clave para hoy:

Y entrando el ángel en donde ella estaba, dijo: ¡Salve, muy favorecida! El Señor es contigo; bendita tú entre las mujeres.

LUCAS 1:28

Día 293
Resiste la tentación
Devocional en pág. 1274

....
....
....
....
....
....
....

Lee la Biblia en un año: **Lucas 3–4**

Peticiones *de oración*

Señor, hoy *te pido…*

....
....
....
....

Diario *de gratitud*

Señor, hoy *te doy gracias por…*

1. ....
2. ....
3. ....

Pensamiento clave para hoy:

Confía en la fidelidad de Dios, toma toda la armadura de Dios y recuerda que no estás sola en tus pruebas.

Día 294

La persona problemática
Devocional en pág. 1279

Lee la Biblia en un año: **Lucas 5–6**

Peticiones *de oración*

Señor, hoy *te pido…*

Diario *de gratitud*

Señor, hoy *te doy gracias por…*

1.
2.
3.

Pensamiento clave para hoy:

*Bendecid a los que os maldicen,
y orad por los que os calumnian.*

LUCAS 6:28

Día 295

No esperes más para servir
Devocional en pág. 1283

....
....
....
....
....
....

Lee la Biblia en un año: **Lucas 7–8**

Peticiones *de oración*

Señor, hoy *te pido…*

....
....
....
....

Diario *de gratitud*

Señor, hoy *te doy gracias por…*

1. ....
2. ....
3. ....

Pensamiento clave para hoy:
Puedes lograr grandes cosas cuando actúas conforme a la voluntad de Dios.

Día 296

Vístete bien, arréglate, alza tus ojos
Devocional en pág. 1291

....
....
....
....
....

Lee la Biblia en un año: **Lucas 9–10**

Peticiones *de oración*

Señor, hoy *te pido…*

....
....
....
....

Diario *de gratitud*

Señor, hoy *te doy gracias por…*

1. ....
2. ....
3. ....

Pensamiento clave para hoy:

Amarás al Señor tu Dios con todo tu corazón, y con toda tu alma, y con todas tus fuerzas, y con toda tu mente; y a tu prójimo como a ti mismo.

LUCAS 10:27

Día 297
Nunca afanada
Devocional en pág. 1294

Lee la Biblia en un año: **Lucas 11–12**

Peticiones *de oración*

Señor, hoy *te pido...*

Diario *de gratitud*

Señor, hoy *te doy gracias por...*
1.
2.
3.

Pensamiento clave para hoy:

*Mas buscad el reino de Dios,
y todas estas cosas os serán añadidas.*

LUCAS 12:31

# Día 298

Un corazón totalmente expuesto
Devocional en pág. 1299

....
....
....
....
....
....

Lee la Biblia en un año: **Lucas 13–14**

Peticiones *de oración*

Señor, hoy *te pido…*
....
....
....
....

Diario *de gratitud*

Señor, hoy *te doy gracias por…*

1. ....
2. ....
3. ....

Pensamiento clave para hoy:

Acude a Dios con un corazón totalmente abierto.
Él se deleitará en limpiar totalmente tu corazón y darte amor.

Día 299

Más que oro
Devocional en pág. 1302

Lee la Biblia en un año: **Lucas 15–16**

Peticiones *de oración*

Señor, hoy *te pido…*

Diario *de gratitud*

Señor, hoy *te doy gracias por…*

1.
2.
3.

Pensamiento clave para hoy:

No podéis servir a Dios y a las riquezas.
LUCAS 16:13B

Día 300

No lleves cuenta de las ofensas
Devocional en pág. 1305

Lee la Biblia en un año: **Lucas 17–18**

Peticiones *de oración*

Señor, hoy *te pido…*

Diario *de gratitud*

Señor, hoy *te doy gracias por…*
1.
2.
3.

Pensamiento clave para hoy:

Y si siete veces al día pecare contra ti, y siete veces al día volviere a ti, diciendo: Me arrepiento; perdónale.

LUCAS 17:4

Día 301
Eres alguien importante
Devocional en pág. 1308

Lee la Biblia en un año: **Lucas 19–20**

Peticiones *de oración*

Señor, hoy *te pido…*

Diario *de gratitud*

Señor, hoy *te doy gracias por…*

1.
2.
3.

Pensamiento clave para hoy:

Porque el Hijo del Hombre vino a buscar y a salvar lo que se había perdido.

LUCAS 19:10

Día 302

La fugacidad del reconocimiento
Devocional en pág. 1311

Lee la Biblia en un año: **Lucas 21–22**

Peticiones *de oración*

Señor, hoy *te pido…*

Diario *de gratitud*

Señor, hoy *te doy gracias por…*

1.
2.
3.

Pensamiento clave para hoy:

Yo, pues, os asigno un reino, como mi Padre me lo asignó a mí, para que comáis y bebáis a mi mesa en mi reino.

LUCAS 22:29-30A

Día 303

Perdona a tus semejantes
Devocional en pág. 1316

Lee la Biblia en un año: **Lucas 23–24**

Peticiones *de oración*

Señor, hoy *te pido…*

Diario *de gratitud*

Señor, hoy *te doy gracias por…*

1.
2.
3.

Pensamiento clave para hoy:

Y Jesús decía:
Padre, perdónalos, porque no saben lo que hacen.

LUCAS 23:34A

Día 304
La voluntad de amar
Devocional en pág. 1322

Lee la Biblia en un año: Juan 1–3

Peticiones *de oración*

Señor, hoy *te pido…*

Diario *de gratitud*

Señor, hoy *te doy gracias por…*
1.
2.
3.

Pensamiento clave para hoy:

Porque de tal manera amó Dios al mundo, que ha dado a su Hijo unigénito, para que todo aquel que en él cree, no se pierda, mas tenga vida eterna.

JUAN 3:16

Día 305

Simplifica tu vida
Devocional en pág. 1327

Lee la Biblia en un año: **Juan 4–5**

Peticiones *de oración*

Señor, hoy *te pido…*

Diario *de gratitud*

Señor, hoy *te doy gracias por…*

1.
2.
3.

Pensamiento clave para hoy:

Es asombroso comprobar cuánto puedes lograr con la simple disciplina de planificar tu agenda diaria.

Día 306

Un espíritu generoso
Devocional en pág. 1331

Lee la Biblia en un año: **Juan 6–7**

Peticiones *de oración*

Señor, hoy *te pido…*

Diario *de gratitud*

Señor, hoy *te doy gracias por…*
1.
2.
3.

Pensamiento clave para hoy:

El que cree en mí, como dice la Escritura, de su interior correrán ríos de agua viva.

JUAN 7:38

Día 307

La perfecta Palabra de Dios
Devocional en pág. 1335

Lee la Biblia en un año: **Juan 8–9**

Peticiones *de oración*

Señor, hoy *te pido…*

Diario *de gratitud*

Señor, hoy *te doy gracias por…*

1.
2.
3.

Pensamiento clave para hoy:

Si vosotros permaneciereis en mi palabra, seréis verdaderamente mis discípulos; y conoceréis la verdad, y la verdad os hará libres.

JUAN 8:31-32

Día 308
Un amor extremo
Devocional en pág. 1339

Lee la Biblia en un año: **Juan 10–11**

Peticiones *de oración*

Señor, hoy *te pido…*

Diario *de gratitud*

Señor, hoy *te doy gracias por…*

1.
2.
3.

Pensamiento clave para hoy:

Yo soy el buen pastor; y conozco mis ovejas, y las mías me conocen.

JUAN 10:14

Día 309

Amar es sacrificarte
Devocional en pág. 1346

....
....
....
....
....
....

Lee la Biblia en un año: **Juan 12–13**

Peticiones *de oración*

Señor, hoy *te pido…*

....
....
....
....

Diario *de gratitud*

Señor, hoy *te doy gracias por…*

1. ....
2. ....
3. ....

Pensamiento clave para hoy:

*Un mandamiento nuevo os doy:
Que os améis unos a otros; como yo os he amado,
que también os améis unos a otros.*

JUAN 13:34

Día 310

Experimenta la paz de Dios

Devocional en pág. 1349

Lee la Biblia en un año: **Juan 14–16**

Peticiones *de oración*

Señor, hoy te pido…

Diario *de gratitud*

Señor, hoy te doy gracias por…

1.
2.
3.

Pensamiento clave para hoy:

Estas cosas os he hablado para que en mí tengáis paz. En el mundo tendréis aflicción; pero confiad, yo he vencido al mundo.

JUAN 16:33

Día 311

Emocionante, reconfortante y apasionante
Devocional en pág. 1352

Lee la Biblia en un año: **Juan 17–19**

Peticiones *de oración*

Señor, hoy *te pido…*

Diario *de gratitud*

Señor, hoy *te doy gracias por…*

1.
2.
3.

Pensamiento clave para hoy:

Y esta es la vida eterna: que te conozcan a ti, el único Dios verdadero, y a Jesucristo, a quien has enviado.

JUAN 17:3

Día 312

"Sígueme"
Devocional en pág. 1355

Lee la Biblia en un año: **Juan 20–21**

Peticiones *de oración*

Señor, hoy *te pido…*

Diario *de gratitud*

Señor, hoy *te doy gracias por…*
1.
2.
3.

Pensamiento clave para hoy:

Jesús, sé que tú me llamas a seguirte. Ayúdame a salir de la complacencia para ir en pos de una fe viva y activa.

Día 313
Redimidas por la sangre preciosa de Jesucristo
Devocional en pág. 1363

Lee la Biblia en un año: **Hechos 1–3**

Peticiones *de oración*

Señor, hoy *te pido…*

Diario *de gratitud*

Señor, hoy *te doy gracias por…*

1.
2.
3.

Pensamiento clave para hoy:

Arrepentíos, y bautícese cada uno de vosotros en el nombre de Jesucristo para perdón de los pecados.

HECHOS 2:38

Día 314

Tus dones espirituales
Devocional en pág. 1366

Lee la Biblia en un año: **Hechos 4–5**

Peticiones *de oración*

Señor, hoy *te pido…*

Diario *de gratitud*

Señor, hoy *te doy gracias por…*

1.
2.
3.

Pensamiento clave para hoy:

Señor, abre mis ojos para poder ver los dones que tú me has dado y muéstrame cómo usarlos para tu gloria.

Día 315

Dios cumple su promesa
Devocional en pág. 1371

Lee la Biblia en un año: **Hechos 6–7**

Peticiones *de oración*

Señor, hoy *te pido…*

Diario *de gratitud*

Señor, hoy *te doy gracias por…*

1.
2.
3.

Pensamiento clave para hoy:

Cuando lees una promesa en la Biblia, acéptala con la plena confianza de que Dios hará su parte para cumplirla.

Día 316

Observa, escucha, actúa
Devocional en pág. 1374

_____
_____
_____
_____
_____

Lee la Biblia en un año: **Hechos 8–9**

Peticiones *de oración*

Señor, hoy *te pido…*
_____
_____
_____
_____

Diario *de gratitud*

Señor, hoy *te doy gracias por…*
1. _____
2. _____
3. _____

Pensamiento clave para hoy:

Observa atentamente a los que te rodean y busca una manera práctica de ayudarlos.

Día 317

Decisiones equivocadas
Devocional en pág. 1380

Lee la Biblia en un año: **Hechos 10–11**

Peticiones *de oración*

Señor, hoy *te pido…*

Diario *de gratitud*

Señor, hoy *te doy gracias por…*

1.
2.
3.

Pensamiento clave para hoy:

Toma la determinación de aferrarte al camino de Dios.

Día 318

Cocinar y limpiar
Devocional en pág. 1383

Lee la Biblia en un año: **Hechos 12–13**

Peticiones *de oración*

Señor, hoy *te pido…*

Diario *de gratitud*

Señor, hoy *te doy gracias por…*

1.
2.
3.

Pensamiento clave para hoy:

*Señor, no quiero menospreciar los dones que me has dado.
Muéstrame cómo puedo ofrecer ayuda práctica donde hay necesidad.*

Día 319
Confía plenamente en Él
Devocional en pág. 1386

Lee la Biblia en un año: **Hechos 14–15**

Peticiones *de oración*

Señor, hoy *te pido…*

Diario *de gratitud*

Señor, hoy *te doy gracias por…*

1.
2.
3.

Pensamiento clave para hoy:

Confirmando los ánimos de los discípulos, exhortándoles a que permaneciesen en la fe, y diciéndoles: Es necesario que a través de muchas tribulaciones entremos en el reino de Dios.

HECHOS 14:22

Día 320

El poder de una mujer
Devocional en pág. 1389

Lee la Biblia en un año: **Hechos 16–17**

Peticiones *de oración*

Señor, hoy *te pido…*

Diario *de gratitud*

Señor, hoy *te doy gracias por…*

1.
2.
3.

Pensamiento clave para hoy:

Señor, ayúdame a tomar las decisiones correctas con respecto a mi tiempo y mis prioridades para que puedas obrar a través de mí sin impedimentos.

Día 321

Trabajo en equipo
Devocional en pág. 1395

Lee la Biblia en un año: Hechos 18–19

Peticiones *de oración*

Señor, hoy *te pido…*

Diario *de gratitud*

Señor, hoy *te doy gracias por…*

1.
2.
3.

Pensamiento clave para hoy:

*Mejores son dos que uno;
porque tienen mejor paga de su trabajo.*
ECLESIASTÉS 4:9

Día 322

A pesar de las lágrimas
Devocional en pág. 1400

Lee la Biblia en un año: **Hechos 20–21**

Peticiones *de oración*

Señor, hoy *te pido…*

Diario *de gratitud*

Señor, hoy *te doy gracias por…*

1.
2.
3.

Pensamiento clave para hoy:

He peleado la buena batalla, he acabado la carrera, he guardado la fe.

2 TIMOTEO 4:7

Día 323

La presencia de Dios
Devocional en pág. 1405

Lee la Biblia en un año: **Hechos 22–23**

Peticiones *de oración*

Señor, hoy *te pido…*

Diario *de gratitud*

Señor, hoy *te doy gracias por…*

1.
2.
3.

Pensamiento clave para hoy:

En oración, proponte firmemente vivir "con toda buena conciencia… delante de Dios".

Día 324
Un nuevo comienzo
Devocional en pág. 1407

Lee la Biblia en un año: Hechos 24–26

Peticiones *de oración*

Señor, hoy *te pido…*

Diario *de gratitud*

Señor, hoy *te doy gracias por…*

1.
2.
3.

Pensamiento clave para hoy:

Para que abras sus ojos, para que se conviertan de las tinieblas a la luz, y de la potestad de Satanás a Dios; para que reciban, por la fe que es en mí, perdón de pecados y herencia entre los santificados.

HECHOS 26:18

Día 325

¿A quién sirves?
Devocional en pág. 1411

Lee la Biblia en un año: **Hechos 27–28**

Peticiones *de oración*

Señor, hoy *te pido…*

Diario *de gratitud*

Señor, hoy *te doy gracias por…*

1.
2.
3.

Pensamiento clave para hoy:

Porque esta noche ha estado conmigo el ángel del Dios de quien soy y a quien sirvo.

HECHOS 27:23

Día 326

¡Una buena noticia!
Devocional en pág. 1417

....
....
....
....
....

Lee la Biblia en un año: **Romanos 1–3**

Peticiones *de oración*

Señor, hoy *te pido…*

....
....
....
....

Diario *de gratitud*

Señor, hoy *te doy gracias por…*

1. ....
2. ....
3. ....

Pensamiento clave para hoy:

Por cuanto todos pecaron, y están destituidos de la gloria de Dios, siendo justificados gratuitamente por su gracia, mediante la redención que es en Cristo Jesús.

ROMANOS 3:23-24

Día 327
El camino de los justos
Devocional en pág. 1419

Lee la Biblia en un año: **Romanos 4–6**

Peticiones *de oración*

Señor, hoy *te pido…*

Diario *de gratitud*

Señor, hoy *te doy gracias por…*

1.
2.
3.

Pensamiento clave para hoy:

Porque así como por la desobediencia de un hombre los muchos fueron constituidos pecadores, así también por la obediencia de uno, los muchos serán constituidos justos.

ROMANOS 5:19

Día 328

Energía contagiosa
Devocional en pág. 1422

Lee la Biblia en un año: **Romanos 7–9**

Peticiones *de oración*

Señor, hoy *te pido…*

Diario *de gratitud*

Señor, hoy *te doy gracias por…*

1.
2.
3.

Pensamiento clave para hoy:

*Y sabemos que a los que aman a Dios,
todas las cosas les ayudan a bien, esto es, a los que conforme
a su propósito son llamados.*

ROMANOS 8:28

Día 329

Conoce a Dios
Devocional en pág. 1426

Lee la Biblia en un año: **Romanos 10–12**

Peticiones *de oración*

Señor, hoy *te pido…*

Diario *de gratitud*

Señor, hoy *te doy gracias por…*

1.
2.
3.

Pensamiento clave para hoy:

¡Oh profundidad de las riquezas de la sabiduría y de la ciencia de Dios! ¡Cuán insondables son sus juicios, e inescrutables sus caminos!

ROMANOS 11:33

Día 330

Amor sincero
Devocional en pág. 1429

Lee la Biblia en un año: **Romanos 13–14**

Peticiones *de oración*

Señor, hoy *te pido…*

Diario *de gratitud*

Señor, hoy *te doy gracias por…*

1.
2.
3.

Pensamiento clave para hoy:

El amor no hace mal al prójimo;
así que el cumplimiento de la ley es el amor.

ROMANOS 13:10

Día 331

Hay esperanza
Devocional en pág. 1431

Lee la Biblia en un año: **Romanos 15–16**

Peticiones *de oración*

Señor, hoy *te pido…*

Diario *de gratitud*

Señor, hoy *te doy gracias por…*

1.
2.
3.

Pensamiento clave para hoy:

Y el Dios de esperanza os llene de todo gozo y paz en el creer, para que abundéis en esperanza por el poder del Espíritu Santo.

ROMANOS 15:13

Día 332
El templo de Dios
Devocional en pág. 1439

Lee la Biblia en un año: **1 Corintios 1–4**

Peticiones *de oración*

Señor, hoy *te pido…*

Diario *de gratitud*

Señor, hoy *te doy gracias por…*

1.
2.
3.

Pensamiento clave para hoy:

*¿No sabéis que sois templo de Dios,
y que el Espíritu de Dios mora en vosotros?*

1 CORINTIOS 3:16

Día 333
Cirugía cosmética espiritual
Devocional en pág. 1442

Lee la Biblia en un año: **1 Corintios 5–7**

Peticiones *de oración*

Señor, hoy *te pido…*

Diario *de gratitud*

Señor, hoy *te doy gracias por…*

1.
2.
3.

Pensamiento clave para hoy:

Porque habéis sido comprados por precio; glorificad, pues, a Dios en vuestro cuerpo y en vuestro espíritu, los cuales son de Dios.

1 CORINTIOS 6:20

Día 334

Dios promete una salida
Devocional en pág. 1444

Lee la Biblia en un año: **1 Corintios 8–10**

Peticiones *de oración*

Señor, hoy *te pido…*

Diario *de gratitud*

Señor, hoy *te doy gracias por…*

1.
2.
3.

Pensamiento clave para hoy:

No os ha sobrevenido ninguna tentación que no sea humana; pero fiel es Dios, que no os dejará ser tentados más de lo que podéis resistir, sino que dará también juntamente con la tentación la salida, para que podáis soportar.

1 CORINTIOS 10:13

Día 335
Tu don espiritual
Devocional en pág. 1447

Lee la Biblia en un año: **1 Corintios 11–13**

Peticiones *de oración*

Señor, hoy *te pido…*

Diario *de gratitud*

Señor, hoy *te doy gracias por…*

1.
2.
3.

Pensamiento clave para hoy:

Pero a cada uno le es dada la manifestación del Espíritu para provecho.

1 CORINTIOS 12:7

Día 336

La vida puede ser mejor
Devocional en pág. 1450

Lee la Biblia en un año: **1 Corintios 14–16**

Peticiones *de oración*

Señor, hoy *te pido…*

Diario *de gratitud*

Señor, hoy *te doy gracias por…*

1.
2.
3.

Pensamiento clave para hoy:

Mas gracias sean dadas a Dios, que nos da la victoria por medio de nuestro Señor Jesucristo.

1 CORINTIOS 15:57

Día 337

Todo es cuestión de actitud
Devocional en pág. 1457

Lee la Biblia en un año: **2 Corintios 1–4**

Peticiones *de oración*

Señor, hoy *te pido…*

Diario *de gratitud*

Señor, hoy *te doy gracias por…*

1.
2.
3.

Pensamiento clave para hoy:

Nuestras cartas sois vosotros, escritas en nuestros corazones, conocidas y leídas por todos los hombres.

2 CORINTIOS 3:2

Día 338

Acepta a Cristo
Devocional en pág. 1459

Lee la Biblia en un año: **2 Corintios 5–9**

Peticiones *de oración*

Señor, hoy *te pido…*

Diario *de gratitud*

Señor, hoy *te doy gracias por…*

1.
2.
3.

Pensamiento clave para hoy:

De modo que si alguno está en Cristo, nueva criatura es; las cosas viejas pasaron; he aquí todas son hechas nuevas.

2 CORINTIOS 5:17

Día 339

La gracia de Dios
Devocional en pág. 1463

....
....
....
....
....
....

Lee la Biblia en un año: **2 Corintios 10–13**

Peticiones *de oración*

Señor, hoy *te pido…*

....
....
....
....

Diario *de gratitud*

Señor, hoy *te doy gracias por…*

1. ....
2. ....
3. ....

Pensamiento clave para hoy:

Y me ha dicho: Bástate mi gracia; porque mi poder se perfecciona en la debilidad. Por tanto, de buena gana me gloriaré más bien en mis debilidades, para que repose sobre mí el poder de Cristo.

2 CORINTIOS 12:9

Día 340

Escríbelo
Devocional en pág. 1468

....
....
....
....
....
....

Lee la Biblia en un año: **Gálatas 1–3**

Peticiones *de oración*

Señor, hoy *te pido…*

....
....
....
....

Diario *de gratitud*

Señor, hoy *te doy gracias por…*

1. ....
2. ....
3. ....

Pensamiento clave para hoy:

Pues, ¿busco ahora el favor de los hombres, o el de Dios? ¿O trato de agradar a los hombres? Pues si todavía agradara a los hombres, no sería siervo de Cristo.

GÁLATAS 1:10

Día 341

Disciplina: Una buena cosa
Devocional en pág. 1471

....
....
....
....
....
....

Lee la Biblia en un año: **Gálatas 4–6**

Peticiones *de oración*

Señor, hoy *te pido…*

....
....
....
....

Diario *de gratitud*

Señor, hoy *te doy gracias por…*

1. ....
2. ....
3. ....

Pensamiento clave para hoy:

Mas el fruto del Espíritu es amor, gozo, paz, paciencia, benignidad, bondad, fe, mansedumbre, templanza; contra tales cosas no hay ley.

GÁLATAS 5:22-23

Día 342

Una mujer de fe
Devocional en pág. 1478

Lee la Biblia en un año: Efesios 1–3

Peticiones *de oración*

Señor, hoy *te pido…*

Diario *de gratitud*

Señor, hoy *te doy gracias por…*

1.
2.
3.

Pensamiento clave para hoy:

Porque por gracia sois salvos por medio de la fe; y esto no de vosotros, pues es don de Dios.

EFESIOS 2:8

Día 343
Haz la voluntad de Dios
Devocional en pág. 1481

....
....
....
....
....
....

Lee la Biblia en un año: **Efesios 4–6**

Peticiones *de oración*

Señor, hoy *te pido…*

....
....
....
....

Diario *de gratitud*

Señor, hoy *te doy gracias por…*

1. ....
2. ....
3. ....

Pensamiento clave para hoy:

*Mirad, pues, con diligencia cómo andéis,
no como necios sino como sabios, aprovechando bien el tiempo,
porque los días son malos.*

EFESIOS 5:15-16

Día 344

Cuida tus pensamientos
Devocional en pág. 1486

Lee la Biblia en un año: **Filipenses**

Peticiones *de oración*

Señor, hoy *te pido…*

Diario *de gratitud*

Señor, hoy *te doy gracias por…*

1.
2.
3.

Pensamiento clave para hoy:

Por lo demás, hermanos, todo lo que es verdadero, todo lo honesto, todo lo justo, todo lo puro, todo lo amable, todo lo que es de buen nombre; si hay virtud alguna, si algo digno de alabanza, en esto pensad.

FILIPENSES 4:8

Día 345
La belleza de la paciencia
Devocional en pág. 1495

Lee la Biblia en un año: **Colosenses**

Peticiones *de oración*

Señor, hoy *te pido…*

Diario *de gratitud*

Señor, hoy *te doy gracias por…*
1.
2.
3.

Pensamiento clave para hoy:

Vestíos, pues, como escogidos de Dios, santos y amados, de entrañable misericordia, de benignidad, de humildad, de mansedumbre, de paciencia.

COLOSENSES 3:12

Día 346

Una actitud positiva
Devocional en pág. 1501

Lee la Biblia en un año: **1 Tesalonicenses**

Peticiones *de oración*

Señor, hoy *te pido…*

Diario *de gratitud*

Señor, hoy *te doy gracias por…*

1.
2.
3.

Pensamiento clave para hoy:

Dad gracias en todo, porque esta es la voluntad de Dios para con vosotros en Cristo Jesús.

1 TESALONICENSES 5:18

Día 347

Piensa en estas cosas
Devocional en pág. 1506

Lee la Biblia en un año: **2 Tesalonicenses**

Peticiones *de oración*

Señor, hoy *te pido…*

Diario *de gratitud*

Señor, hoy *te doy gracias por…*

1.
2.
3.

Pensamiento clave para hoy:

Y el mismo Jesucristo Señor nuestro, y Dios nuestro Padre, el cual nos amó y nos dio consolación eterna y buena esperanza por gracia, conforte vuestros corazones, y os confirme en toda buena palabra y obra.

2 TESALONICENSES 2:16-17

Día 348

Sé fiel
Devocional en pág. 1513

Lee la Biblia en un año: **1 Timoteo**

Peticiones *de oración*

Señor, hoy *te pido…*

Diario *de gratitud*

Señor, hoy *te doy gracias por…*

1.
2.
3.

Pensamiento clave para hoy:

Las mujeres asimismo sean honestas, no calumniadoras, sino sobrias, fieles en todo.

1 TIMOTEO 3:11

Día 349

Transforma tu día
Devocional en pág. 1520

....
....
....
....
....
....

Lee la Biblia en un año: **2 Timoteo**

Peticiones *de oración*

Señor, hoy *te pido…*

....
....
....
....

Diario *de gratitud*

Señor, hoy *te doy gracias por…*

1. ....
2. ....
3. ....

Pensamiento clave para hoy:

Toda la Escritura es inspirada por Dios, y útil para enseñar, para redargüir, para corregir, para instruir en justicia.

2 TIMOTEO 3:16

Día 350

El llamado supremo de una mujer
Devocional en pág. 1530

Lee la Biblia en un año: **Tito y Filemón**

Peticiones *de oración*

Señor, hoy *te pido...*

Diario *de gratitud*

Señor, hoy *te doy gracias por...*

1.
2.
3.

Pensamiento clave para hoy:

Exhorta asimismo a los jóvenes a que sean prudentes; presentándote tú en todo como ejemplo de buenas obras.

TITO 2:6-7

Día 351
La Biblia está viva
Devocional en pág. 1541

Lee la Biblia en un año: **Hebreos 1–4**

Peticiones *de oración*

Señor, hoy *te pido…*

Diario *de gratitud*

Señor, hoy *te doy gracias por…*

1.
2.
3.

Pensamiento clave para hoy:

Porque la palabra de Dios es viva y eficaz, y más cortante que toda espada de dos filos.

HEBREOS 4:12A

Día 352
Los pequeños detalles
Devocional en pág. 1543

Lee la Biblia en un año: **Hebreos 5–8**

Peticiones *de oración*

Señor, hoy *te pido…*

Diario *de gratitud*

Señor, hoy *te doy gracias por…*

1.
2.
3.

Pensamiento clave para hoy:

Porque Dios no es injusto para olvidar vuestra obra y el trabajo de amor que habéis mostrado hacia su nombre, habiendo servido a los santos y sirviéndoles aún.

HEBREOS 6:10

Día 353
Un dulce estímulo
Devocional en pág. 1547

....
....
....
....
....
....
....

Lee la Biblia en un año: **Hebreos 9–10**

Peticiones *de oración*

Señor, hoy *te pido…*

....
....
....
....

Diario *de gratitud*

Señor, hoy *te doy gracias por…*

1. ....
2. ....
3. ....

Pensamiento clave para hoy:

Y considerémonos unos a otros para estimularnos al amor y a las buenas obras.

HEBREOS 10:24

Día 354
Pon tus ojos en Dios
Devocional en pág. 1551

....
....
....
....
....

Lee la Biblia en un año: **Hebreos 11–13**

Peticiones *de oración*

Señor, hoy *te pido…*
....
....
....
....

Diario *de gratitud*

Señor, hoy *te doy gracias por…*

1. ....
2. ....
3. ....

Pensamiento clave para hoy:

*Así que, ofrezcamos siempre a Dios,
por medio de él, sacrificio de alabanza, es decir,
fruto de labios que confiesan su nombre.*

HEBREOS 13:15

Día 355

¡Camina con Dios!
Devocional en pág. 1557

Lee la Biblia en un año: **Santiago**

Peticiones *de oración*

Señor, hoy *te pido…*

Diario *de gratitud*

Señor, hoy *te doy gracias por…*

1.
2.
3.

Pensamiento clave para hoy:

Someteos, pues, a Dios; resistid al diablo, y huirá de vosotros.

SANTIAGO 4:7

Día 356

Los dones de Dios en tu vida
Devocional en pág. 1562

Lee la Biblia en un año: **1 Pedro**

Peticiones *de oración*

Señor, hoy te pido…

Diario *de gratitud*

Señor, hoy te doy gracias por…

1.
2.
3.

Pensamiento clave para hoy:

Cada uno según el don que ha recibido, minístrelo a los otros, como buenos administradores de la multiforme gracia de Dios.

1 PEDRO 4:10

Día 357

Desequilibrio
Devocional en pág. 1571

....
....
....
....
....
....
....

Lee la Biblia en un año: **2 Pedro**

Peticiones *de oración*

Señor, hoy *te pido…*

....
....
....
....

Diario *de gratitud*

Señor, hoy *te doy gracias por…*

1. ....
2. ....
3. ....

Pensamiento clave para hoy:

Antes bien, creced en la gracia y el conocimiento de nuestro Señor y Salvador Jesucristo.

2 PEDRO 3:18

Día 358

Deja de hacer lo malo
Devocional en pág. 1577

Lee la Biblia en un año: 1 Juan

Peticiones *de oración*

Señor, hoy *te pido…*

Diario *de gratitud*

Señor, hoy *te doy gracias por…*

1.
2.
3.

Pensamiento clave para hoy:

Si confesamos nuestros pecados, él es fiel y justo para perdonar nuestros pecados, y limpiarnos de toda maldad.

1 JUAN 1:9

Día 359

Confiada y segura
Devocional en pág. 1590

....
....
....
....
....
....

Lee la Biblia en un año: **2 y 3 Juan, Judas**

Peticiones *de oración*

Señor, hoy *te pido…*

....
....
....
....

Diario *de gratitud*

Señor, hoy *te doy gracias por…*

1. ....
2. ....
3. ....

Pensamiento clave para hoy:

Y a aquel que es poderoso para guardaros sin caída, y presentaros sin mancha delante de su gloria con gran alegría, al único y sabio Dios, nuestro Salvador, sea gloria y majestad, imperio y potencia, ahora y por todos los siglos.

JUDAS 1:24-25

Día 360

Considera lo que Jesús te ofrece
Devocional en pág. 1595

Lee la Biblia en un año: **Apocalipsis 1–3**

Peticiones *de oración*

Señor, hoy *te pido…*

Diario *de gratitud*

Señor, hoy *te doy gracias por…*

1.
2.
3.

Pensamiento clave para hoy:

He aquí, yo estoy a la puerta y llamo; si alguno oye mi voz y abre la puerta, entraré a él, y cenaré con él, y él conmigo.

APOCALIPSIS 3:20

Día 361

¡Alaba a Dios!
Devocional en pág. 1598

Lee la Biblia en un año: **Apocalipsis 4–8**

Peticiones *de oración*

Señor, hoy *te pido…*

Diario *de gratitud*

Señor, hoy *te doy gracias por…*

1.
2.
3.

Pensamiento clave para hoy:

Porque el Cordero que está en medio del trono los pastoreará, y los guiará a fuentes de aguas de vida.

APOCALIPSIS 7:17A

Día 362

Habla de Jesús
Devocional en pág. 1601

Lee la Biblia en un año: **Apocalipsis 9–12**

Peticiones *de oración*

Señor, hoy *te pido…*

Diario *de gratitud*

Señor, hoy *te doy gracias por…*

1.
2.
3.

Pensamiento clave para hoy:

No permitas que la timidez o el miedo te impidan hablar de lo que Jesús ha hecho en tu vida.

Día 363

Corre la carrera
Devocional en pág. 1604

Lee la Biblia en un año: **Apocalipsis 13–16**

Peticiones *de oración*

Señor, hoy *te pido…*

Diario *de gratitud*

Señor, hoy *te doy gracias por…*

1.
2.
3.

Pensamiento clave para hoy:

Aquí está la paciencia de los santos, los que guardan los mandamientos de Dios y la fe de Jesús.

APOCALIPSIS 14:12

Día 364

La fidelidad de Dios

Devocional en pág. 1608

Lee la Biblia en un año: Apocalipsis 17–19

Peticiones *de oración*

Señor, hoy *te pido*…

Diario *de gratitud*

Señor, hoy *te doy gracias por*…

1.
2.
3.

Pensamiento clave para hoy:

Después de esto oí una gran voz de gran multitud en el cielo, que decía: ¡Aleluya! Salvación y honra y gloria y poder son del Señor Dios nuestro.

APOCALIPSIS 19:1

Día 365

¡Bien, buena sierva y fiel!
Devocional en pág. 1610

Lee la Biblia en un año: **Apocalipsis 20–22**

Peticiones *de oración*

Señor, hoy *te pido…*

Diario *de gratitud*

Señor, hoy *te doy gracias por…*

1.
2.
3.

Pensamiento clave para hoy:

He aquí yo vengo pronto, y mi galardón conmigo, para recompensar a cada uno según sea su obra.

APOCALIPSIS 22:12